Connaissance de l'Inconscient

Collection
dirigée par J.-B. Pontalis

SÉRIE : TRACÉS

JEAN-YVES TADIÉ

LE LAC INCONNU

Entre Proust et Freud

GALLIMARD

© *Éditions Gallimard, 2012.*

Pour Arlette

« ... ce magnifique langage, si différent de celui que nous parlons d'habitude et où l'émotion fait dévier ce que nous voulions dire et épanouir à la place une phrase tout autre, émergée d'un lac inconnu où vivent des expressions sans rapport avec la pensée et qui par cela même la révèlent. »

MARCEL PROUST

AVANT-PROPOS

L'un a vécu trente-deux ans de plus que l'autre, né quinze ans avant lui et mort dix-sept ans après. L'un a eu une nombreuse famille et l'autre est resté célibataire. L'un n'a guère quitté le milieu viennois, après un séjour à Paris, l'autre le milieu parisien. Aucun d'eux, il faut le souligner parce que la question est souvent posée, n'a lu l'autre. Or Freud savait parfaitement le français et Proust avait étudié l'allemand à Condorcet. En revanche le docteur Adrien Proust, père de Marcel, avait suivi les leçons de Charcot à la Salpêtrière, tout comme Freud. Il appartenait à la même école de pensée médicale. On peut donc avancer que Freud, étudiant à Paris, et Proust, chez lui, avaient baigné dans la même atmosphère scientifique et médicale. Quant à la culture juive, elle émerge dans L'Homme Moïse et la religion monothéiste, *dans les premières lignes de* Sigmund Freud présenté par lui-même (Selbstdarstellung), *et dans les nombreuses citations d'*À la recherche du temps perdu *: aucun des deux hommes n'est croyant,* *l'un déconstruit ironiquement la figure de Moïse devenu égyptien, l'autre utilise les allusions bibliques comme autant de moqueries.*

Deux hommes de haute culture, grands lecteurs des classiques comme tous les novateurs, tous deux amateurs d'art, notamment italien, l'un plutôt attiré par les musées et les livres d'art, l'autre entretenant avec l'art et particulièrement la statuaire ce rapport personnel que donne seule la collection privée. Ils partageaient la conviction qu'à notre besoin, à notre désir, à notre souffrance du moment correspond toujours un livre. L'un eut Balzac pour maître; La Peau de chagrin *est le dernier roman relu par Freud avant sa mort : « C'était juste le livre qu'il me fallait. »*

Les deux hommes ont fixé le même regard sur eux-mêmes, en rompant avec la pensée traditionnelle, Freud dans son auto-analyse (dont les lettres à Fliess fournissent le témoignage incomparable, une sorte de roman personnel par lettres) et Proust en écrivant, après des tâtonnements qui évoquent ceux de Freud, À la recherche du temps perdu, *résultat de la même descente intérieure. « Depuis que j'ai tourné mon regard en moi, cent personnages, mille idées me demandent un corps », écrit Proust à Bibesco en 1902.*

Nous ne souhaitons nullement étudier le parcours de Proust à la lumière de la psychanalyse, ni montrer comment, par exemple, il n'a pas surmonté sa crise œdipienne : ce travail a été fait depuis longtemps. Nous voulons plutôt saisir la consanguinité des esprits, comme dit Proust : ce n'est pas la communauté des idées qui rapproche, mais la consanguinité des esprits, et parfois des corps : Proust a des crises d'asthme, Freud s'évanouit au cours d'une dispute, ou plutôt d'une scène, la bien-nommée, avec Jung. Ils ont tous deux, pendant les vingt dernières années de leur vie, lutté contre une maladie alors mortelle.

Ainsi les deux œuvres, à partir d'une intuition centrale, se sont édifiées lentement, par parcelles péniblement conquises : « Nous n'avons cessé de la modifier, écrit Freud, au contact constant de l'observation jusqu'à ce qu'elle ait enfin acquis la forme sous laquelle elle nous paraît suffire à ces desseins. » De même pour la Recherche. Le Temps retrouvé *présente l'œuvre comme une offensive militaire, une fatigue, une église, un régime, un obstacle, une amitié, un enfant, un monde. « L'idée de mon œuvre, déclare le Narrateur, était dans ma tête, toujours la même, en perpétuel devenir. »*

On trouvera ici un inventaire des sujets que les deux auteurs ont traités, si nombreux qu'on ne les a sans doute pas abordés tous. Les deux hommes, s'ils s'étaient rencontrés, auraient eu tant de choses à se dire ! Dans un genre longtemps illustre, on rêve d'un dialogue des morts. Chaque thème découlant du précédent, en partant du rêve et jusqu'à la mort, nous avons espéré éclairer l'un par l'autre, comme si les discours alternés se fondaient en un propos unique : il faut être deux pour parvenir à la vérité. Ce que j'ai cherché, c'est à compa-

rer deux intelligences, deux attitudes, deux comportements face aux hommes et au monde, face à soi aussi. Je ne cherche pas à dévoiler des secrets qu'au demeurant tout le monde connaît. Comme si, des deux termes de la comparaison, des deux pôles de la métaphore, pouvaient, je l'espère, jaillir une étincelle, une idée, une impression poétique. Ainsi se souviendra-t-on toujours de l'un quand l'autre parle.

CHAPITRE I

Entrée de nuit

Le sommeil ? Qui aurait imaginé de commencer un roman par le sommeil ? Le héros qui s'endort fait fuir les lecteurs, comme le maître de maison qui s'assoupit dans son salon fait fuir les invités. Le début *in medias res* de la tragédie classique est bien oublié, au profit, peut-être, d'une autre tragédie. Voici les rêves, qui « s'insèrent dans les activités psychologiques de la veille ». Mais qui a dit cela ? Est-ce aux premières lignes de *Du côté de chez Swann* ? Ou dans celles de *L'Interprétation des rêves* ? On ne cesse de faire des réflexions en dormant sur le livre qu'on vient de lire : une église (substituée à un « Traité d'archéologie monumentale », peut-être *L'Art religieux au XIIIe siècle en France* d'Émile Mâle), un quatuor, une femme née d'une fausse position de la cuisse, un ouvrage (de Mignet) sur la rivalité de François Ier et de Charles Quint. Rêver d'un livre, de livre, n'est-ce pas le propre d'un intellectuel ?

Or Freud s'intéresse d'abord au rêve, et Proust

d'abord au sommeil. Le temps des rêves vient ensuite : ils jouent un grand rôle dans l'intrigue de ses romans. Nous savons tout du sommeil chez Proust, et de Proust. Pas grand-chose du sommeil de Freud. Était-il insomniaque, lui aussi ? En parle-t-il à Fliess ? Puisque l'accès hystérique est une action, un moyen de reproduire le plaisir, on arrive à expliquer ainsi la « manie du lit » (ou clinomania) : un des patients de Freud « gémit encore aujourd'hui dans son sommeil pour que sa mère, morte quand il avait vingt-deux mois, le prenne avec elle ». « Tout est calculé en fonction de *l'autre*, mais le plus souvent de cet autre préhistorique et inoubliable qu'aucune personne venant ultérieurement n'arrivera plus à égaler », écrit Freud le 6 décembre 1892. Le Narrateur d'*À la recherche du temps perdu* ne le sait pas, mais, s'il reste couché le jour, c'est qu'il attend sa mère, qui est sa grand-mère dans le roman. Et Marcel Proust lui-même, s'il quitte si rarement son lit quand sa mère est encore vivante, en correspondant avec elle par des billets passés sous la porte, se lève encore moins quand elle est morte, comme s'il attendait indéfiniment une visite qui n'aura plus jamais lieu.

Nous-mêmes, si nous nous intéressons tant à une action pourtant quasi nulle, aux aventures passives d'un antihéros alité, c'est que nous y retrouvons notre crainte et notre attente, que nous attendons et craignons par procuration la venue des chers fantômes disparus. Et la nuit permet les rêves : « Il faut bien dire que, si la résistance avait été la nuit ce qu'elle est le jour, le rêve ne se serait pas produit », dit Freud dans *L'Interprétation des rêves*. La censure est diminuée et contournée lorsque l'esprit s'endort : comme le dit Goya, le sommeil de la raison engendre des monstres. C'est ce dont Proust souffre après la mort de sa mère, comme il l'écrit à Mme Straus et à Robert de Montesquiou. L'intelligence n'est plus là pour le protéger, il est sans défense contre les pensées, les images les plus terribles, « les impressions les plus atroces ». Ce que découvre alors Proust à ses dépens, c'est la levée de la résistance rationnelle dans le rêve, c'est ce qu'il avait entrevu dans *Jean Santeuil,* « qu'on est habitué le soir à donner un peu de sa pensée à l'impossible, au défendu ».

À sa mère, en effet, il ne décrivait que des rêves d'apparence anodine comme une matinée de charité où il arrivait, Madeleine Lemaire à son bras (il est vrai que c'était peut-être pour lui un cauchemar). Lui, mais métamorphosé en femme, en une sociétaire de la Comédie-Française, Blanche Pierson, âgée de cinquante-quatre ans. Ce qu'il se demande alors, c'est pourquoi il avait eu l'aberration de se rendre à une fête alors qu'il était en deuil de son grand-père. Ce rêve de changement de sexe, et l'angoisse qu'il procure (sans doute déplacée du deuil, qu'il s'accusait d'enfreindre, en même temps que de l'homosexualité, dont il se sentait coupable en face de ses parents), nous le retrouverons à la fin d'*Un amour de Swann*. Ici, Proust se voit en femme d'un certain âge, susceptible, comme Madeleine Lemaire, qui illustre à ce moment *Les Plaisirs et les Jours*, d'attirer les jeunes gens.

Proust confie à sa mère un autre songe, le 8 septembre 1901 : il a rêvé qu'il tenait son embonpoint acquis pendant les vacances, pour le montrer à sa mère, comme un ballon. Comme s'il voulait rivaliser avec la grossesse maternelle, dont il a dû être jaloux. Dans la *Recherche*, il notera que le seul cas de grossesse masculine se trouve dans *La Légende dorée*, ce qui relève du pur fantasme. On peut l'y chercher : il n'y est pas.

Dans *Les Plaisirs et les Jours*, « Rêve » évoque de manière innocente en apparence la passion du Narrateur pour une certaine Dorothy B., qui vient d'offrir une rose parfumée au héros. Les yeux de la jeune femme éprouvent le « léger spasme » qui précède les pleurs. Le héros verse aussi des larmes, que Dorothy « dardant sa langue hors de sa bouche fraîche », la « tête renversée », vient cueillir toutes au bord de ses yeux. « Puis elle les avalait avec un léger bruit des lèvres, que je ressentais comme un baiser inconnu, plus intimement troublant que s'il m'avait directement touché ». Il s'agit là sans doute, on ne l'a pas encore remarqué, de la description la plus complète d'un acte (homo)sexuel que Proust ait écrite. Le déplacement en garantit l'innocence. Ce qui permet cette interprétation, c'est qu'il s'agit d'un rêve, et que dans un rêve, tout peut avoir un caractère sexuel.

Le rêve d'angoisse se trouve déjà dans *Jean Santeuil*, dont le rêve ponctue par ailleurs la fin de l'amour de Jean pour Françoise. Il retrace avec une clarté presque suspecte à nos yeux les dernières aventures, dignes des pièces de Sacha Guitry, de l'héroïne et son éloignement. Le point capital, sans doute le plus sincère, est l'*angoisse* éprouvée par le rêveur.

Ce que comprend Proust à travers tous ces textes, c'est l'usage qu'un romancier peut faire du rêve pour marquer l'évolution d'une passion, ou le progrès d'une guérison, puisque la passion est pour lui une maladie. Il en tire les mêmes conclusions à propos du deuil. Le rêve de la fin d'*Un amour de Swann* marque l'agonie de cet amour, comme plus tard celui de la grand-mère les étapes du deuil.

En revanche, dans les trois catégories de rêve distinguées par Freud, notamment dans *Sur le rêve*, les rêves clairs et raisonnables, où rien ne nous étonne ni ne frappe l'imagination, les rêves raisonnables mais inattendus, parce que rien dans la réalité ne les justifie, et les rêves obscurs, incohérents, absurdes, ce sont les derniers qui intéressent le plus le romancier. L'absurde est le signe du rêve ; l'insomniaque est rassuré lorsqu'il est le témoin d'un raisonnement « en contradiction formelle avec les lois de la logique et l'évidence du présent » : « Un grand pas est déjà fait quand on tourne le dos au réel. » Il y a là en effet matière à commentaire, à dévoiler un sens caché sous l'absence de signification apparente. Mais justement, et c'est le plus extraordinaire, Proust, si avide d'explications, n'en donne alors aucune. Devant les détails les plus incongrus, ceux qui le retiennent toujours lorsqu'il s'agit de comportements éveillés, il se dérobe. Tout nous est laissé à interpréter.

C'est pourquoi Proust est d'abord le romancier du sommeil : « On ne peut bien décrire la vie des hommes, si on ne la fait baigner dans le sommeil où elle plonge et qui, nuit après nuit, la contourne comme une presqu'île cernée par la mer. » Des sommeils, car chacun diffère des autres selon les substances ou les circonstances qui les ont provoqués, chacun enfante ses rêves particuliers, ses cauchemars. Chacun est Goya pour lui-même.

CHAPITRE II

Des rêves

À la recherche du temps perdu commence par le sommeil, qui permet de réduire ou de contourner la résistance au rêve. La genèse du roman commence par le rêve, dès le feuillet 2 du premier Carnet, qui en contient les premières semences. L'homme qui rêve, et qui est Proust, a perdu sa mère en 1905 et son père en 1903. C'est elle qu'il voit d'abord apparaître : « Rêve de Maman, sa respiration, se retourne, gémit —. Toi qui m'aimes ne me laisse pas réopérer, car je crois que je vais mourir, et ce n'est pas la peine de me prolonger. »

Puis son père, au troisième feuillet : « Rêve. Papa près de nous. Robert lui parle, le fait sourire, lui fait répondre exactement à chaque chose. Illusion absolue de la vie. Donc tu vois que mort on est presque en vie. Peut-être se tromperait-il dans les réponses, mais enfin simulacre de la vie. Peut-être n'est-il pas mort. » Aucune littérature dans ces notations nues, que chacun de nous aurait pu écrire sans talent, mais non sans souffrance (l'un est un remède à l'autre). Dans le roman, aucune trace de cette étrange scène, où l'autre fils, le médecin, vérifie l'existence de son père par un interrogatoire, version scientiste et policière du chant XI de *L'Odyssée* où Ulysse rencontre sa mère (non pas son père, encore en vie).

La mère d'Ulysse, dans *L'Odyssée,* lui raconte ce qui s'est passé à Ithaque depuis son départ, comme si elle lui donnait des nouvelles de la terre, et lui explique la raison de sa mort : « Ce n'est pas la langueur, ce n'est pas le tourment de quelque maladie qui me fit rendre l'âme : c'est le regret de toi, c'est, ô mon noble Ulysse! c'est ta tendresse même qui m'arracha la vie à la douceur de miel. » Ulysse, trois fois, tente d'embrasser sa mère, qui n'est « plus qu'une ombre ou qu'un songe envolé. L'angoisse me poignait plus avant dans le cœur ». Tout y est, et surtout la notation de l'angoisse propre à tant de rêves, mais qui est issue, affirme Freud, d'une autre source. La mère qui meurt d'amour et d'inquiétude, ce sera un des fantasmes du Narrateur, persuadé d'avoir tué sa grand-mère par les inquiétudes qu'il lui a données sur sa santé. Tout grand écrivain, de Virgile à Joyce, récrit Homère.

Une question au biographe : Proust vit-il ses rêves au moment où il commence à écrire son roman, en 1908, ou se souvient-il de les avoir vécus lors de la mort de ses parents ? La descente en soi que demande l'écriture est-elle analogue à la descente d'Ulysse aux enfers, ou emploie-t-elle les artifices moins cruels, plus estompés, de la mémoire ? Récits de rêves, ou souvenirs de rêves ? L'inconscient, succédané des enfers homériques, parle-t-il jadis, ou maintenant ? « L'expérience m'a montré, écrit Freud, que des rêves même dont le sens paraît d'abord complet, parce qu'on trouve aisément leurs sources et les désirs qui les ont provoqués, peuvent mettre sur la trace de pensées importantes qui remontent à notre première enfance. » Le contenu manifeste, la mort de la mère par exemple, est lié aux événements récents (il y a deux ans, trois ans…), le contenu latent « aux plus anciens événements de notre vie ».

Nous retrouverons tout cela dans les rêves qui accompagnent la fausse résurrection de la grand-mère dans l'épisode des « Intermittences du cœur ». Si nous en restons au premier Carnet, le long d'une falaise (que nous rencontrerons à nouveau dans le rêve de Swann), sans doute proche de Cabourg où Proust recommence à écrire en 1908, le Narrateur (est-ce encore Proust, ou déjà le héros du roman ?) dépasse des promeneurs : « Voici Maman, mais elle est indifférente à ma vie, elle me dit bonjour, je sens que je ne la reverrai pas avant des mois. Comprendrait-elle mon livre ? Non. Et pourtant la puissance de l'esprit ne dépend pas du corps. » Contrairement au premier rêve, la communication entre ces deux êtres n'est plus possible, puisque la personne qui se souciait sans arrêt de la vie la plus quotidienne et de tous les accidents de santé de son fils est «indifférente à sa vie». Il n'est plus aimé, il est devenu le fils de personne, cette figurante est une morte, «bien morte», comme dira un jour le Narrateur à propos d'Albertine : non seulement elle ne s'intéresse plus à lui, mais elle ne comprendrait pas son œuvre, c'est-à-dire la raison même de son existence à lui, dont certains diront qu'il écrit avant tout pour sa mère, que la *Recherche* n'est qu'une longue lettre à sa mère.

Et pourtant, remarquons-le, les lettres de Jeanne Proust s'intéressent fort peu à la littérature de son fils, comme si pour elle ce n'était pas l'essentiel, comme si elle était destinée à ne pas la comprendre, en était jalouse et la soupçonnait de lui enlever son enfant. Elle ne différait pas sur ce point des entourages d'artistes, qui ancrent le rêveur dans la réalité, et lui apportent le contrepoids indispensable à une vie, en apparence au moins, normale. Mais alors ce rêve peut apparaître comme un reproche : ce n'est pas parce qu'elle est défunte que Mme Proust ne s'intéresse pas à l'œuvre : aux yeux de son fils, elle en est coupable de son vivant. «La puissance de l'esprit ne dépend pas du corps», superbe affirmation de l'éternel malade soufflée par le rêve.

Freud parle du rêve du père mort (mais non de la mère morte : la sienne ne l'est pas au moment où il écrit *L'Interprétation des rêves*). Il déclare en 1908 que ce livre est un morceau de son auto-analyse, et, affirmation à laquelle Proust n'aurait pas souscrit, à propos de sa réaction à la mort de son père, qu'il s'agit de «l'événement le plus important, la perte la plus déchirante d'une vie d'homme». Certes, sa mère n'est pas morte au moment où il écrit ces lignes, mais il aurait pu prévoir l'événement, ou s'inspirer de confidences de patients. Il n'évoque qu'une fois, dans *L'Interprétation des rêves,* un rêve de sa mère morte (alors qu'elle est encore vivante et lui-même enfant) : c'est le contraire du rêve proustien. Il est vrai qu'avant d'évoquer les rêves du «père mort», Freud parle plus généralement du rêve de la mort de personnes chères.

Il leur donne une signification générale, qui inverse le sens apparent : le souhait, en général ancien, repoussé, refoulé, de voir mourir la personne aimée, le sentiment d'ambivalence à son égard. C'est dans ce contexte que Freud expose son interprétation du mythe d'Œdipe. Cela jette une lumière nouvelle sur les rêves de Proust concernant sa mère, ou du Narrateur, sa grand-mère. Cacheraient-ils le souhait refoulé de les voir périr ?

Autres rêves

Des rêves accompagnent les principaux épisodes et les principaux personnages d'*À la recherche du temps perdu*. Ils ont à chaque fois un sens dans l'ordre du récit, et un autre latent, qui renforce notre connaissance de symboles jaillis de l'inconscient. Proust arrive à combiner les deux avec art. Dans notre propre vie, seul le second niveau nous touche : nous ne sommes pas conscients de la place de nos rêves dans le déroulement de notre existence. Il faut le raccourci du roman et la volonté de construction du romancier pour les y voir. Et, comme il se partage entre plusieurs personnages, il y a des chances pour qu'il leur attribue ses propres rêves. On s'est étonné qu'il y ait si peu de récits de rêves dans la correspondance de Proust : trop intimes, il préfère les attribuer à ses personnages. On se confesse davantage dans la fiction que dans l'autobiographie.

Dans une page peu connue d'*À l'ombre des jeunes filles en fleurs*, Proust, à propos des rêves de Rivebelle, dresse un étonnant panorama des songes, de l'activité nocturne de l'inconscient. Il aurait d'ailleurs, d'après un fragment inédit, souhaité répartir les images ou les idées qu'il contient, entre les différents rêves, «chacun ayant celles qui sont cohérentes entre elles». Le héros, après des soirées d'ivresse à Rivebelle, tombe dans un sommeil lourd. Pêle-mêle se révèlent «le retour à la jeunesse, la reprise des années passées, des sentiments perdus, la désincarnation, la transmigration des âmes, l'évocation des morts, les illusions de la folie, la régression vers les règnes les plus élémentaires de la nature (...) tous ces mystères que nous croyons ne pas connaître et auxquels nous sommes en réalité initiés presque toutes les nuits ainsi qu'à l'autre grand mystère de l'anéantissement et de la résurrection ». La vie du Narrateur est alors cachée par des décors nouveaux. Il se rêve en héros des *Mille et Une Nuits,* recevant la bastonnade et subissant des châtiments variés pour une faute qu'il « n'apercevait pas mais qui était d'avoir bu trop de porto ». Il faut sans doute ici dissocier la faute et le châtiment, comme Proust nous y invite à propos de Dostoïevski. La punition, comme celle de Charlus au *Temps retrouvé,* est appelée par le masochisme et un profond sentiment de culpabilité.

Dans *Le Côté de Guermantes,* c'est Saint-Loup qui rêve de sa maîtresse poussant, en compagnie d'un lieutenant très riche et très vicieux, « les cris intermittents et réguliers » qu'elle avait l'habitude d'émettre « aux instants de volupté ». Sous le contenu apparent, une lecture plus freudienne y voit la peur de l'impuissance, l'homosexualité, une identification refoulée avec la femme et même un plaisir sadomasochiste à voir violer la femme aimée. Inspiré par un amant ou une maîtresse, ce rêve s'éclaire aussi par la phrase de « Combray » qui fait allusion à « la fête inconcevable, infernale, au sein de laquelle nous croyons que des tourbillons ennemis, pervers et délicieux, entraînent loin de nous, la faisant rire de nous, celle que nous aimons ! ». Car cette phrase est suscitée par l'absence de la mère, qui est donc bien au cœur du rêve. C'est elle qui abandonne son fils pour un autre homme, son mari par exemple, ou Swann, coupable de cette absence, elle dont le rêveur imagine la jouissance. C'est elle aussi qui explique le fantasme permanent chez le Narrateur, d'une jeune fille du meilleur monde qui va se donner dans les maisons de passe (et dont Kessel a donné une belle illustration dans son roman *Belle de Jour*, illustré ensuite par Buñuel).

D'autres rêves sont plus innocents et matérialisent un désir de la veille. Le Narrateur, dans *Le Côté de Guermantes*, rêve de manière récurrente d'une cité gothique au bord de la mer, d'un certain paysage marin et de son passé médiéval, d'une nature qui a appris l'art et l'histoire, vers laquelle aller c'est « remonter le cours des âges », c'est-à-dire exactement celle que, dans l'épisode vénitien, décrit Proust. Certains traits de ces rêves viennent directement de Proust : « moi qui me tenais sans fin des raisonnements verbaux en rêvant ». Plus curieuse est la vision du héros muet, paralysé, le corps nu, parce que, dit-il, on ne marche pas, on ne parle pas, on est déshabillé dans le sommeil. Le héros semble ainsi s'exposer à on ne sait quel supplice, ou tout au moins attendre passivement le plaisir.

On reviendra plus tard sur l'exemple, donné comme en passant, jailli de l'inconscient par un besoin de confession irrésistible, dans un raisonnement autre, sur ces cauchemars « où nos parents qui sont morts viennent de subir un grave accident qui n'exclut pas une guérison prochaine. En attendant nous les tenons dans une petite cage à rats, où ils sont plus petits que des souris blanches et, couverts de gros boutons rouges, plantés chacun d'une plume, nous tiennent des discours cicéroniens ».

Car le sadisme sévit en rêve. Dans *Sodome et Gomorrhe,* Charlus a cent dix ans ; il boxe les oreilles de sa mère, qui n'est autre que Mme Verdurin, parce qu'elle a dépensé cinq milliards pour un bouquet de violettes. On lit ici le sadisme à l'égard de la mère (comme celui de Mlle Vinteuil à l'égard de son père), le désir de la punir, le remords de dépenses excessives, qui sont bien celles de Proust, l'argent étant lui-même symbolique. Les descendants de M. Le Rossignol, fleuriste de Proust sur la côte normande, à Houlgate, gardent pieusement le registre des commandes de fleurs de leurs clients. On peut encore y lire la page réservée chaque année à Marcel Proust, qui faisait livrer à ses belles amies des gerbes de fleurs à vingt-cinq francs or.

Les cauchemars récurrents de Bergotte contribuent à la peinture terrifiante des derniers jours de l'écrivain. Il percevait « une main munie d'un torchon mouillé qui, passée sur sa figure par une femme méchante, s'efforçait de le réveiller ». Plus étrange que cette mère cruelle, figure de la mort, le rêve du cocher fou furieux : « Il se jetait sur l'écrivain et lui mordait les doigts, les lui sciait. » Le troisième cauchemar est celui de la crise d'apoplexie qui justement devait l'emporter.

Comme chaque section de la *Recherche* contient des rêves, microcosmes du roman, *Albertine disparue* retrace ceux qui ponctuent la fuite et la mort de l'héroïne. Il est étrange d'y voir coexister deux mortes : Albertine, et la grand-mère à l'arrière-plan, avec l'allure d'une statue qui se décompose. Le rêveur sait qu'elles sont mortes, et les voit pourtant vivantes. Albertine, par exemple, avoue avoir embrassé Mlle Vinteuil sur les lèvres, mais rien de plus, ce que le héros croit mensonger.

Le Narrateur note lui-même la mauvaise qualité de la dramatisation opérée par le rêve, comme s'il retrouvait les catégories freudiennes, selon lesquelles la dramatisation vient en dernier lieu, pour rendre les symboles présentables. Ici, le symbole est la morte vivante. Comme si le désir profond, en réalité, était de voir ces deux femmes (qui peut-être n'en font qu'une) disparaître définitivement, comme si elles n'étaient maintenues en vie, d'une vie onirique et posthume, que par le sentiment de culpabilité qu'éprouve le Narrateur, et Proust à l'égard de sa mère et d'Agostinelli.

Une dernière allusion au rêve figure dans la matinée Guermantes du *Temps retrouvé*, et non des moindres. Elle affirme en effet l'intérêt constant du Narrateur pour les rêves. Ils compensent par l'intensité leur brièveté : un amour en quelques secondes, comme par une « injection intraveineuse » d'un docteur miracle, qui dans la vie prendrait des années à se développer. Ils aident alors à mieux comprendre les jeux de la subjectivité. Et ils jouent « un jeu formidable avec le temps ». Grâce à eux, des instants lointains, oubliés comme les sentiments qu'ils contenaient, fondent sur nous « comme s'ils avaient été des avions géants » et reprennent au réveil leur distance. Le sujet, le temps : les deux grands thèmes et en même temps les deux grandes formes de la *Recherche*. Le rêve est donc un des faits de la vie du Narrateur qui a le plus servi à le convaincre « du caractère purement mental de la réalité », affirmation qu'on a rapprochée de celle de Freud, dans *L'Interprétation des rêves* : « L'inconscient est la véritable réalité psychique. » Pour Proust, et pour l'artiste, il y a une muse diurne, et une seconde muse, « cette muse nocturne qui suppléerait parfois à l'autre ».

CHAPITRE III

Rêve de Swann

On ne raconte plus guère de rêves dans un roman. Un romancier connu nous confiait que, lorsqu'il en rencontrait dans ses lectures, il en sautait le récit. Le romantisme allemand, le surréalisme sont donc bien loin, et *Peter Ibbetson*, de George du Maurier, *Mélusine*, de Franz Hellens, les cauchemars de Tchen dans *La Condition humaine*, les rêves de Giraudoux, héritier du romantisme allemand. On ne sautera pas le rêve de Swann, que Proust associe étroitement à l'évolution de l'amour de ce personnage pour Odette, à la fin de cet amour, comme une étape vers la guérison d'une maladie. Proust est sans doute le dernier grand (les petits ne manquent pas) représentant de la tradition antique de la mélancolie amoureuse. Freud lui-même nous parle d'amour, tantôt sous ce nom, tantôt sous celui de libido, et à propos des névroses et des perversions qui sont liées à la libido.

Un rêve ponctuant la fin d'un amour, Proust l'a raconté au moins quatre fois, dans *Les Plaisirs et les Jours*, dans *Jean Santeuil* et (deux versions) dans *Swann*. Le récit qu'il contient relève de la dramatisation et de l'élaboration secondaire propres à tous les rêves. Il s'adapte donc parfaitement à la structure du roman.

Ce qui surprend, c'est que c'est la dernière version de l'épisode qui a l'allure la plus onirique, celui de 1913 plus que ceux de 1896, par les absurdités apparentes qu'il renferme, les premiers récits étant parfaitement logiques. Ou bien Proust, ce roi du pastiche, est passé maître dans l'art d'imiter les vrais rêves, de les imaginer, de les rêver, en utilisant en plus des sources scientifiques (les ouvrages sur le sommeil et le rêve ne manquent pas, depuis l'essai de Maury résumé par Freud) ou bien il ressuscite un songe jusque-là censuré dans sa mémoire, ou encore il a ainsi vécu la fin d'un amour plus récent, dont il fait profiter ces pages.

Ce qu'écrit Freud dans *Sur le rêve* à propos de la condensation peut introduire au rêve de Swann : « Je puis former une figure unique de traits empruntés à plusieurs ; je puis voir en rêve une physionomie bien connue et lui donner le nom de quelqu'un d'autre, ou bien l'identifier complètement mais la placer dans une situation où, en réalité, c'est une autre personne qui se trouve. Dans ces différents cas, il faut trouver le caractère commun aux différents motifs de la combinaison. La condensation de plusieurs personnes en une seule confère à toutes ces personnes une sorte d'équivalence, elle les met, d'un point de vue spécial, sur le même plan. Cette équivalence (…) le plus souvent ne se découvre qu'à l'analyse. » Ces images nous paraissent moins étranges dès que nous pensons qu'elles résultent d'un travail de condensation du rêve. Chaque détail peut représenter plusieurs idées latentes dans une formation composite.

Le *déplacement* se produit lorsqu'un détail obscur (mais qui s'est nécessairement produit la veille du rêve) devient essentiel aux dépens de ce qui est le plus clair. Le détail futile en apparence peut être rattaché par l'analyse à un élément latent de première importance pour la psychologie du sujet : le fez, par exemple, qui renvoie peut-être à la judéité de Swann ou de Proust (c'était la coiffure masculine dans tout l'Empire ottoman).

Le rêve exprime un désir non refoulé, nous dit Freud, ou bien un désir refoulé, ou enfin un désir mal refoulé, mal déguisé : « Ce dernier rêve est toujours accompagné d'une sensation d'angoisse qui le force à s'interrompre. » Le travail de travestissement en aurait dispensé le dormeur. Or Proust note souvent cette sensation d'angoisse : c'est que le rêve est alors l'expression « d'un ancien désir non réalisé et depuis longtemps refoulé ». Swann sent ainsi, à deux reprises, des « palpitations de cœur, une souffrance, une nausée inexplicable ». Jean Santeuil également.

« L'inconscient de Shakespeare, dit Freud, lui a permis de comprendre l'inconscient de son héros », après qu'un événement réel, croit-il, l'eut poussé à écrire le drame de Hamlet. Il faut cependant noter que le rêve de Swann ne peut être exactement un rêve précis de Proust, puisqu'il est chargé d'éléments romanesques et de personnages que nous savons être ceux du roman (ou alors il faudrait supposer, cas peu probable, Proust rêvant de son roman, de ses personnages, rêvant sa fin) et qu'on ne peut décrire l'inconscient de Swann comme s'il était celui de Proust, même si Proust souligne certains gestes de Swann comme inconscients : certains héros de roman peuvent pourtant être imaginés avec leur inconscient, comme Zeno, le héros d'Italo Svevo, d'ailleurs très proche de l'auteur, qui raconte ses démêlés avec la psychanalyse ; ce n'est pas le cas ici. Ni sans doute parler d'inconscient du texte, comme le fait Bellemin-Noël dans son article « Psychanalyser le rêve de Swann ». Le récit de ce rêve est conduit par un romancier, et se lit comme une aventure presque trop bien organisée, comme un conte fantastique, illustrant la fin d'un amour : ce qui est bien le propos de Proust. Mais partout surnagent ou percent des éléments incontrôlés, des faits absurdes, comme il aurait pu s'en trouver dans *L'Interprétation des rêves* :

changements de sexe, femme à barbe, jeune homme coiffé d'un fez (qui est aussi Swann lui-même, venant d'évoquer le voyage en Orient d'Odette et des Verdurin), Napoléon III (qui est aussi Forcheville, amant d'Odette), vague submergeant la falaise où a lieu la promenade, incendie. De plus, ces éléments peuvent être interprétés en les rattachant au psychisme connu de Swann, ou à celui… de Proust. L'auteur a-t-il constitué le rêve de Swann à partir d'éléments provenant des siens propres, et dont il se serait souvenu ? Aurait-il déplacé et condensé ses propres rêves ? On revient toujours à cette question.

Des critiques nous mettent en garde contre l'interprétation de ces rêves comme étant ceux de l'auteur, ou comme une expression de son inconscient. Il faut pourtant remarquer que Freud lui-même ne s'est pas du tout senti freiné par de tels arguments lorsqu'il a commenté Jensen, Shakespeare, Vinci. C'est sans doute que les symboles qui font aussi la littérature appartiennent à la fois à l'individu et au trésor commun de l'humanité. *L'Interprétation des rêves* donne une table des principaux rêves ; c'est pour qu'on l'utilise ; et c'est bien son auteur qui parle de « symboles à interprétation unique » : l'empereur, justement, renvoie au père.

Proust commente d'ailleurs son rêve : « Comme certains romanciers, il avait distribué sa personnalité à deux personnages, celui qui faisait le rêve et un qu'il voyait devant lui. » Ou encore, c'est par

« quelque vague association d'idées » que Forcheville reçoit le nom et l'apparence de Napoléon III. Avec finesse, Proust note l'effort de Swann pour interpréter son rêve alors même qu'il est en train de le rêver : « D'images incomplètes et changeantes Swann tirait des déductions fausses. » Plus étonnant encore, il a un tel pouvoir créateur qu'il se reproduisait par simple division comme certains organismes inférieurs. « De sentiments et d'impressions dont il n'avait pas conscience encore, (il) faisait naître comme des péripéties qui, par leur enchaînement logique, amèneraient à point nommé dans le sommeil de Swann le personnage nécessaire pour recevoir son amour ou provoquer son réveil ». Le bruit de la sonnette devenant « au fond de ces abîmes » un tocsin, enfante l'incendie. Le valet de chambre venant éveiller Swann devient le paysan dénonçant Charlus et Odette.

Que sont ces sentiments et ces impressions inconscients, qui comptent sans doute plus que les causes extérieures, comme la sonnette ?

On a interprété Odette comme une figure maternelle ainsi que Mme Verdurin, mais une mère phallique : son nez qui s'allonge comme un pénis, ses grandes moustaches. L'enfant restitue à la mère un organe mâle qu'elle n'a pas. Swann en tant que châtré (en chemise de nuit) a affaire à la mère phallique. La mer, symbole maternel, envoie des éclaboussures glacées qui symbolisent le plaisir refusé comme à

Combray. La chemise de nuit renvoie à cette situation nocturne. Le jeune homme souffre de la trahison d'Odette, qui va chez le père. Odette tantôt offre et tantôt refuse son phallus. La castration est au cœur de la scène. Swann alors éprouve de la «haine», «aurait voulu lui crever les yeux, écraser les joues», où tel critique voit une zone phallique. Les «joues pâles, avec de petits points rouges» d'Odette annoncent le rêve des rats parentaux dans leur cage. Le père apparaît alors : il s'en va avec Odette ; c'est le fantasme de la scène primitive.

Dans ce récit de rêve, deux drames se jouent. Le premier, manifeste, récapitule tout l'amour de Swann, sa jalousie, la perte d'Odette finalement acceptée dans la douleur. Reportons-nous à une première version (1910) de cet épisode dans l'édition de la Bibliothèque de la Pléiade ; la fonction principale de ce rêve est de dire adieu à Odette «telle qu'elle avait été pour lui pendant trois ans». Le rêve ne connaît pas la chronologie, et permet de revenir en arrière : «Le calendrier des rêves est comme ces calendriers orientaux où on célèbre seulement des mois après une fête depuis longtemps passée chez nous.» Curieusement, dans cette première version les détails absurdes qui signalent le rêve sont presque absents. On trouve déjà le scénario de la promenade au bord de la mer, avec M. et Mme Verdurin, Cottard, le peintre, la princesse

Sherbatoff et Odette. La nuit tombe, on a peur de se perdre. Françoise, autre nom d'Odette, plus ancien, celui de *Jean Santeuil*, a de grosses joues : c'est un fantasme proustien, qu'on retrouvera chez Albertine, et que l'Odette venue de Botticelli inverse, avec des joues pâles et creuses, pour ancrer le personnage dans l'imaginaire littéraire. La jeune femme s'en va. Swann souffre horriblement. « Sa tendresse pour Françoise s'était changée en haine », trait qu'on retrouve dans la dernière version, où Swann aurait voulu crever les yeux et écraser les joues d'Odette. Forcheville a suivi Odette. Sur fond de souffrance cardiaque répétée, le sentiment d'abandon domine. En revanche, il n'y a pas de changement de sexe, pas de Mme Verdurin changée en homme, pas de Napoléon III, pas de douche glacée sur une falaise haute, pas de dédoublement entre Swann et le jeune homme en fez, pas de chemise de nuit, pas de jeune paysan « couvert de brûlures » venant annoncer, au milieu d'un incendie qui détruit des maisons et que fuient les habitants (ce qui nous évoque un tableau de Jérôme Bosch), les relations passées d'Odette et de Charlus. Tout au plus Guercy, le futur Charlus, a-t-il été le témoin des relations de la jeune femme avec Forcheville. La nuit noire est commune aux deux textes. Odette n'a pas encore les yeux pleins de tendresse « prêts à se détacher comme des larmes pour tomber sur lui », les « traîtres yeux » de la femme baudelairienne.

Le second drame, latent, fait revivre une crise œdipienne. Odette et Forcheville-Napoléon III deviennent les parents, Swann, lui-même et un jeune homme avec ou sans fez, l'angoisse est celle de la castration, la culpabilité, d'avoir surpris une scène originelle. Cette crise est prêtée par l'auteur à son héros, mais à son insu. S'il crée des symboles, il n'est pas conscient de leur sens freudien. L'amour lié à la haine, l'angoisse qui domine cette cérémonie de détachement amoureux est plus fondamentale que l'amour même.

M.L. Miller avait relevé en 1956, dans *Nostalgia*, les symboles qui lui apparaissaient importants. Selon lui, Proust retrace ici les étapes par lesquelles il a tenté de renoncer à la fixation à sa mère et d'apaiser ses parents en s'identifiant à sa mère et en aimant son frère Robert. La femme aimée subit, pour avoir trahi, une cruelle punition, qui vise ses yeux, comme dans la « Confession d'une jeune fille » des *Plaisirs et les Jours*, et comme Œdipe. L'allongement du nez de Mme Verdurin et sa moustache signifient qu'on ne doit pas voir les organes génitaux féminins, redoutés à cause de la castration. Le renoncement de Swann à l'amour d'Odette traduit la peur d'être rejeté, caractéristique des asthmatiques. Mais alors, Swann commence à avoir peur du feu, symbole que Miller rattache à la femme en se référant à Frazer et aux mythes. Le jeune homme au fez est une figure fraternelle, aimable. On se détourne des désirs hétérosexuels pour les homosexuels et l'identification à la mère. La douleur finale de Swann est liée à la disparition de la mère. Proust a pu construire son rêve comme la sonate de Vinteuil, à partir de petits morceaux différents : des rêves réels mais assemblés, revus. Les rêves de Proust récapitulent son grand conflit intérieur : comment renoncer à la sexualité pour plaire à sa mère, comment sublimer ses amours homosexuelles ? Ne pouvant gagner l'amour paternel, enviant la relation du père avec la mère et le frère, il doit combattre une pulsion qui le mène à imaginer des attaques sadomasochistes (le jeune paysan couvert de brûlures), à subir le sort de Charlus.

Le point essentiel c'est la renonciation à l'amour incestueux par le renoncement à Odette. Elle est abandonnée à l'image paternelle qui combine Napoléon III, Forcheville, Charlus. L'image maternelle est sévère et masculine ; c'est Mme Verdurin. Le jeune homme au fez symbolise l'homosexualité.

Si le rêve est l'expression d'un désir, on peut avancer qu'en inversant les apparences, Swann souhaite rompre avec Odette. Mais quel est le souhait de Proust ? Le renoncement à l'amour pour une femme, et pour sa mère, au profit des jeunes gens ? Le rêve ponctue en tout cas la fin d'un amour, celui par exemple du Narrateur pour Gilberte. La douleur qu'il éprouve est due au fait qu'un ami agissait à son égard « avec la plus grande fausseté ». Cet homme n'était autre que Gilberte. On peut suggérer que Proust, ayant fait ce rêve, le donne à une femme, en invoquant hypocritement le fait bien connu que les rêves changent le sexe. Cette métamorphose révèle l'homosexualité latente.

CHAPITRE IV

Rêve de la grand-mère

On peut rapprocher du rêve de Swann celui du Narrateur songeant à sa grand-mère, dans *Sodome et Gomorrhe*, qui reprend certaines notes plus brèves du Carnet de 1908, notamment sur le rôle du père. La confrontation de ces différents textes montre que la grand-mère est une transposition littéraire de la mère morte. La trame du récit recouvre celle de *L'Odyssée*, de *L'Énéide* et de *La Divine Comédie*. La descente aux enfers est signifiée par l'allusion aux fleuves, le Léthé « aux sextuples replis » au début de la descente, « le fleuve aux nombreux méandres » à la « remontée à la surface », et ses habitants, ici résumés, dans une admirable stylisation, ou condensation, par ces « grandes figures solennelles, (qui) nous apparaissent, nous abordent et nous quittent, nous laissant en larmes ». Cette descente plonge là dans l'inconscient, dans le corps même du rêveur.

Il y a d'abord un rêve d'angoisse : « Monde du sommeil, où la connaissance interne accélère le rythme du cœur ou de la respiration, parce qu'une même dose d'effroi, de tristesse, de remords, agit avec une puissance centuplée si elle est ainsi injectée dans nos veines. » Puis l'exploration des enfers à la recherche de l'être aimé se poursuit dans la solitude : « Mon père n'arrivait pas qui devait me conduire jusqu'à elle. » Le sentiment de culpabilité se fait jour : « La respiration me manqua, je sentis mon cœur comme durci. » Le Narrateur a oublié d'écrire à sa grand-mère, qui est seule dans une petite chambre. Il ne la verra pas. C'est le père qui se fait son messager : « Elle demande quelquefois ce que tu es devenu. On lui a même dit que tu allais faire un livre. Elle a paru contente. Elle a essuyé une larme. » Elle dit donc le contraire du rêve transcrit dans le Carnet I, où elle ne se souciait pas de cette œuvre. Mais on sait que le rêve peut signifier une chose par son contraire.

À la place de cette rencontre, le souvenir d'un autre rêve, ou un rêve d'un passé plus lointain, mais postérieur à la mort de la grand-mère, apparaît, comme un récit dans le récit. La grand-mère demande à son petit-fils de la laisser le voir de temps en temps : « Songe que tu as été mon petit-fils et que les grand-mères n'oublient pas. » Revenant au présent du second rêve, le Narrateur prononce les paroles qu'il se reproche de n'avoir pas dites alors : « Mais, grand-mère, tu me verras autant que tu voudras, je n'ai que toi au monde, je ne te quitterai plus jamais. » Le père refuse de nouveau de conduire son fils à l'adresse de la morte, adresse qu'il a perdue, et puis, dit-il, « elle n'est plus elle-même ». Il reste pourtant celui qui sait les secrets de la vie et de la mort. Son fils lui dit : « Mais dis-moi, toi qui sais, ce n'est pas vrai que les morts ne vivent plus. Ce n'est pas vrai tout de même, puisque grand-mère existe encore. » Et le père, que Proust n'a jamais autant fait parler, répond : « Oh ! bien peu, tu sais, bien peu. » Le thème de l'abandon est ici à double sens : le Narrateur se sent abandonné, mais prête ses propres sentiments à la grand-mère morte, et s'en estime coupable. Quant au père, il barre l'accès à la mère, il fait le contraire du père de Combray, qui a capitulé et dit à la mère d'aller avec le petit, mais, comme ici elle est morte, il ouvre le chemin du deuil et de l'avenir. On oublie en général de citer cette autre étape sur le chemin de la vie, cette résolution de la crise œdipienne. Le père n'a pas été trop vaincu.

On sait que Proust a fait ces rêves de sa mère morte (et de son père, vivant) pendant son deuil, dont ils constituent des étapes. Il les reconstitue ici à propos de la mort de la grand-mère. Ces pages dégagent et provoquent une émotion poignante. Faut-il encore penser, comme Freud commentant les rêves de proches disparus, que Proust souhaite la mort de sa mère ? Ou bien le rêve des proches disparus n'a-t-il ce sens que de leur vivant ? Et garde-t-il le sens apparent, dans les étapes du deuil ? Mais que dit encore Freud ? « Les rêves de morts aimés posent à l'interprétation des problèmes difficiles (...). On en peut chercher la raison dans l'ambivalence affective à l'égard du mort. Il est habituel que dans de pareils rêves, le mort soit tout d'abord traité comme vivant, puis que, brusquement, on considère qu'il est mort, et que, dans la suite, il vive cependant. » Ces alternances représentent l'indifférence désirée du rêveur. Et ses attitudes souvent contradictoires : lorsqu'il n'est pas rappelé que le mort est mort, le rêveur s'identifie au mort, rêve de sa propre mort ; dans le cas contraire, on se défend contre cette identification, « on nie qu'il s'agisse de sa propre mort ».

Le héros « retraverse le fleuve aux nombreux méandres » qui reprend le « Léthé intérieur aux sextuples replis » du début du récit onirique, en se répétant les mots qu'on relève particulièrement : « Francis Jammes cerf cerf fourchette. » L'adverbe « succinctement » se trouve sur le manuscrit et a été oublié à la composition : il a pu figurer dans une lettre, d'ailleurs très élogieuse, de Francis Jammes sur *Du côté de chez Swann* que nous ne connaissons pas, mais que Proust évoque dans sa correspondance avec émotion, ou dans un article critique lu par Proust, ou dans un propos tenu sur son œuvre : on a pu lui suggérer de s'exprimer plus « succinctement », et Proust, blessé, rêve du mot ; il est à noter que cet adverbe ne figure pas ailleurs dans la *Recherche*. Il faudrait que ces détails (éclairés par Lilian Fearn dans un bel article de 1967), si le rêve est entièrement autobiographique, fussent apparus à Proust la veille de son rêve, et peut-être, mais pas obligatoirement, de sa notation : ils désignent les compliments et les critiques du poète (ces dernières concernent la scène de Montjouvain, que Jammes demande à Proust de couper). « Cerf cerf » renvoie à *La Légende de saint Julien l'Hospitalier* des *Trois Contes*, qui récrit la *Légende dorée* où Julien se voit annoncer par un cerf qu'il chasse qu'il tuera son père et sa mère, double crime œdipien : « Maudit ! maudit ! maudit ! Un jour, cœur féroce, tu assassineras ton père et ta mère ! » (C'est toujours le sentiment de culpabilité : dans une page du premier Carnet, Proust avait écrit : « Saint Julien l'hospitalier le citer dans van Blarenberghe. S'en souvenir toujours. ») Puis c'est l'instant de mémoire involontaire marqué par le choc d'une fourchette contre une soucoupe qui évoque le bruit des ouvriers frappant les rails du train arrivant à Combray. Le souvenir involontaire est ici un appel à la création littéraire : après la mort, la résurrection.

« S'en souvenir toujours » : ce dont on se souvient toujours et qui devient une obsession, ne finit-on pas par en rêver ? Resterait à se demander si Proust a condensé lui-même plusieurs rêves, trois au moins, en un seul. Car l'origine de ces divers éléments est de dates très diverses : Jammes renvoie à une lettre de 1913, Flaubert à 1907, la fourchette au Cahier de brouillon ou d'esquisses 24, qu'on date de 1909.

Mais l'analyse de ces détails en apparence insignifiants vérifie la théorie freudienne du rêve, et particulièrement du déplacement. Ils intègrent, d'autre part, eux aussi le rêve à la marche du récit. Du sentiment de culpabilité de l'homme qui craint d'avoir, au moins symboliquement, tué ses parents à celui qui a été jugé, par un grand poète, coupable d'avoir introduit dans son roman une scène d'homosexualité et de profanation de l'image paternelle (ou maternelle inversée), à celui encore qui retrouve le temps perdu grâce au son insignifiant en apparence d'une fourchette, en quelques mots d'apparence absurde toute la *Recherche* est merveilleusement condensée.

CHAPITRE V

Œdipe

Dans la vie de tout grand artiste, il y a une lettre bouleversante, qui raconte le coup de foudre de la vocation, ou mieux, de l'œuvre maîtresse à laquelle son nom restera attaché. C'est Wagner écrivant à Liszt après l'invention de la *Tétralogie*. C'est Freud, à Fliess le 15 octobre 1897 : « Chez moi aussi j'ai trouvé le sentiment amoureux pour la mère et la jalousie envers le père, et le considère maintenant comme un événement général de la petite enfance (...). S'il en est ainsi, on comprend la force saisissante d'Œdipe Roi. (...) Chaque auditeur a été un jour en germe et en fantaisie cet Œdipe, et devant un tel accomplissement en rêve transporté ici dans la réalité, il recule d'épouvante avec tout le montant du refoulement qui sépare son état infantile de celui qui est le sien aujourd'hui. » Ces mots, comme l'analyse d'Hamlet qui suit, ont été repris dans *L'Interprétation des rêves*. Ici ils ont gardé la fraîcheur, mais aussi la violence, de la découverte.

Il faut à Proust la brutalité sanglante d'un fait divers pour s'approprier à son tour, dix ans plus tard, le même mythe. Un homme de ses relations, Henri Van Blarenberghe, qui vient de perdre son père, tue sa mère dans un accès de démence, puis se suicide. De cette atroce histoire, Proust lit tous les détails dans la presse, et n'en oublie aucun. Il ne peut se libérer du choc que par l'écriture, dans un article que *Le Figaro* lui a demandé et accepte de publier (sauf le dernier paragraphe). Il n'évoquera plus guère ni le crime ni l'article, qui est pourtant un chef-d'œuvre. Ce n'est pas un mythe, mais trois, que Proust y mentionne : Ajax, pour la folie ; Œdipe pour le parricide et l'énucléation. Oreste, enfin, qui semble avoir échappé à Freud. Dans le dernier paragraphe coupé par le journal, Proust évoquait l'autel sacré, vénéré plus que tout autre par les anciens, le tombeau d'Œdipe à Colone et le «tombeau d'Oreste à Sparte, cet Oreste que les Furies avaient poursuivi jusqu'aux pieds d'Apollon même et d'Athéné en disant : "Nous chassons loin des autels le fils parricide."» Il veut «montrer que ce fait divers était exactement un de ces drames grecs dont la représentation était presque une cérémonie religieuse.» Le «pauvre parricide» a été jeté par la plus inéluctable fatalité psychologique dans le crime et l'expiation.

Selon Freud, le désir est présent chez tout homme de tuer son père et d'épouser sa mère. On commence cependant à remarquer (notamment Hendrika Halberstadt-Freud) que l'Œdipe proustien est l'Œdipe freudien inversé. Blarenberghe tue sa mère, non son père, tout comme Oreste. Ce meurtre de la mère est chez Proust, comme chez Freud celui du père, symbolique : reprenant les mots de Mme Van Blarenberghe mourante, Proust commente : « "Qu'as-tu fait de moi! qu'as-tu fait de moi!" Si nous voulions y penser, il n'y a peut-être pas une mère vraiment aimante qui ne pourrait, à son dernier jour, souvent bien avant, adresser ce reproche à son fils. Au fond, nous vieillissons, nous tuons tout ce qui nous aime par les soucis que nous lui donnons, par l'inquiète tendresse elle-même que nous inspirons et mettons sans cesse en alarme. »

Et si Mlle Vinteuil tue symboliquement son père en crachant sur sa photographie, des commentateurs y ont vu la transposition de la mère. De même qu'elle est transposée dans le personnage de la grand-mère, qui illustre, qui est l'incarnation de la dernière page de « Sentiments filiaux d'un parricide ». Le Narrateur se sent coupable de sa mort, comme de celle d'Albertine : de deux femmes, et d'aucun homme, ni grand-père, ni père, ni amant. Il y a bien un complexe d'Oreste.

Mais aussi un complexe d'Œdipe. Puisque Proust incarne son père dans le personnage du docteur Cottard ; l'admiration de Mme Cottard pour son mari, son chagrin à la découverte de lettres qui prouvent qu'il l'a trompée, sont sans doute, autre meurtre littéraire et symbolique, inspirés de Mme Proust.

Le héros de toute fiction est le moi qui se révèle à lui-même en se reportant au temps « où il était un héros en vertu de son acte héroïque initial : la révolte contre le père ». C'est le Narrateur se reportant à la scène du baiser du soir à Combray, qui marque la capitulation du père, dans la simple phrase adressée à son épouse : « Va avec le petit. » Et s'il y a bien longtemps de cela, et si le Narrateur peut encore l'entendre au fond de sa mémoire ou remontée de l'inconscient, c'est qu'elle n'a jamais cessé de le marquer, de constituer sa névrose et son sentiment de culpabilité.

Un jour viendra où le héros, dans *La Prisonnière*, s'identifiera au Père. Il règne en despote sur son entourage, se comporte à l'égard d'Albertine comme à l'égard d'Esther Assuérus, mais en même temps est trahi, en proie à la jalousie la plus morbide. Ailleurs, il est le fils, victime souffrante. De même dans le dernier « roman biographique » de Freud, *Le Président Wilson*, écrit en collaboration avec W. Bullitt, on voit l'homme d'État s'identifier au père, qui donne la loi, est tout-puissant, mais aussi au fils, victime sacrifiée, vouée à la trahison et au martyre.

Le sentiment de culpabilité que traduit *Le Temps retrouvé*, Freud le décrit en ces termes, dans sa conférence sur la féminité : « Dans certaines couches de notre population, aujourd'hui encore, personne ne peut mourir sans qu'il ait été tué par un autre, de préférence le médecin. Et la réaction névrotique régulière à la mort d'une personne proche est bien l'autoaccusation : on a soi-même causé cette mort. » Et encore : « L'autocritique et la conscience morale peuvent chez certains être inconscientes et produisent alors les effets les plus importants. »

De ce même sentiment de culpabilité, Proust, parmi bien des illustrations, a donné inconsciemment celle-ci. Il a lu dans *Le Temple enseveli* de Maeterlinck cette phrase, qu'il cite dans sa traduction de *Sésame et les lys* de Ruskin : « Comme il se peut qu'une flèche, lancée par un aveugle dans une foule, atteigne par hasard un parricide. » Cette citation suffirait à elle seule à exprimer la responsabilité d'avoir tué ses parents. Mais il y a mieux : dans son pastiche de Maeterlinck, Proust amplifie la phrase de manière comique (c'est le *witz* freudien) et opère un changement de termes hautement révélateur : « Sans doute il n'est pas impossible qu'une flèche, tirée de la tour d'une cathédrale par une folle à qui on a bandé les yeux, vienne, au milieu d'une assemblée de patineurs aveugles, frapper précisément un hermaphrodite. » Le parricide, c'est l'hermaphrodite. Il est responsable de la mort des parents, comme dans les nouvelles des *Plaisirs et les Jours*, « Avant la nuit », « Confession d'une jeune fille ». Il doit mourir, frappé par la déesse de la Fortune aux yeux bandés.

Et Freud : « Même si l'homme a refoulé ses motions mauvaises dans l'inconscient et aimerait ensuite se dire qu'il n'en est pas responsable, il n'en est pas moins contraint de ressentir en lui cette responsabilité comme un sentiment de culpabilité dont le fondement lui est inconnu. »

Mais, si le Narrateur proustien se sent coupable d'avoir fait capituler ses parents dans la scène du baiser du soir, c'est au contraire ceux-ci qui sont coupables de lui avoir cédé. De plus, le père de Proust est coupable d'infidélités à l'égard de sa femme. Proust et la faute cachée du père ? Quand en apprend-il l'existence ? Si proche de sa mère, Marcel n'a pas pu ne pas souffrir des maîtresses du docteur Proust (on connaît des photos d'actrices qui lui sont amicalement dédicacées et d'un voyage en Égypte à côté d'une belle dame) comme du mariage forcé de son frère Robert (mariage qui n'est pas un inceste, mais en est la figure : il épouse la fille de la seconde épouse, de l'épouse cachée de son père...). Les troubles de « l'Homme aux loups » ont commencé le jour où il a appris l'infidélité de son père à l'égard de sa mère. Proust se punit-il inconsciemment des fautes de son père, comme Marie Balmany a soutenu que Freud le faisait ? Est-ce là qu'il faut chercher la source de sa névrose ? Lorsqu'il dit que dans la vie de Dostoïevski, lui-même hanté par la figure du père, il y a une faute et un châtiment, pas forcément liés, est-ce la même chose ?

Lorsque Marcel se reproche d'avoir tué sa mère (et

le Narrateur, sa grand-mère) il prendrait ainsi sur lui la faute du père. Une faute qu'il attribue aussi à son personnage, le docteur Cottard (dans une esquisse publiée par l'édition de la Bibliothèque de la Pléiade), et qu'il rêve d'atténuer auprès de Mme Cottard, comme Proust lui-même a dû le faire auprès de sa mère.

« L'autorité paternelle a éveillé, écrit Freud dans *L'Interprétation des rêves*, la critique de l'enfant, il apprend de bonne heure à voir toutes les faiblesses de son père afin d'échapper à la sévérité de ses exigences ; mais la piété dont s'entoure la personne du père, spécialement après sa mort, rend plus rigoureuse la censure qui écarte toute expression consciente de cette critique. » En revanche, le roman peut l'exprimer de manière transposée, déplacée. Dans la *Recherche*, des pères souffrent, comme Vinteuil, des habitudes de leur enfant, ils sont cachés, oubliés, reniés, comme Swann par Gilberte qui préférera le nom de son beau-père et s'appellera Gilberte de Forcheville.

Le père du Narrateur dans la *Recherche* est irréprochable, mais absent, jusque dans la scène du baiser du soir, où il s'absente et capitule : ce n'est pas lui qui lirait des histoires à son enfant pour l'endormir ! Cependant, il n'est pas médecin. La figure paternelle du médecin, l'homologue d'Adrien Proust, c'est le docteur Cottard. Et c'est lui dont on découvre la faute secrète, dans cette esquisse inédite, l'infidélité. Faut-il dire les fautes ? le matérialisme, la vulgarité, la mauvaise éducation, l'intelligence limitée, le fait de prêter le flanc au rire, la bouffonnerie en somme ? Un père distingué est remplacé par un père ridicule, un des personnages comiques les plus drôles de la *Recherche*. Si l'on ne peut dire les fautes du père, le romancier a le pouvoir et la permission de les déplacer sur d'autres personnages : comme ils sont inventés, ils échappent à la censure et au refoulement.

La mère de Proust n'est pas sans responsabilité non plus. On songe à ce que Freud écrit de la mère de Léonard : « La tendresse excessive de la mère de Vinci lui fut fatale, elle scella son destin, provoquant les manques de son être et de sa vie (...) À la façon des mères insatisfaites, elle mit le petit enfant à la place de l'époux et, par une trop précoce maturation de son érotisme, le dépouilla d'une part de sa virilité. » Léonard s'interdit toutes les femmes et prend pour objet d'amour celui qu'avait aimé sa mère : « le jeune garçon, image fascinante où il retrouvait à la fois ses propres traits et les traces de la passion maternelle ». C'est sans doute pourquoi, dans *Jean Santeuil*, plus naïf, moins maîtrisé que la *Recherche*, H. Halberstadt-Freud l'a noté, les jeux de culpabilité tournent toujours autour de la mère, jamais du père.

CHAPITRE VI

Premiers aperçus de l'inconscient proustien

Arracher à la nuit et au silence ce qui n'est ni visible, ni audible, ni dicible, tel est le but de Proust. Transformer en conscience l'expérience la plus large possible, comme dit Malraux, mais une expérience intérieure. L'inconscient, pour Proust, qui emploie le mot comme adjectif plus souvent que comme substantif, c'est le domaine de l'involontaire (le Narrateur se croit d'ailleurs atteint d'une « maladie de la volonté », expression d'époque, pathologie traitée dans un ouvrage de Ribot), des instincts, des gestes mécaniques, des désirs, des lapsus, des oublis de noms propres. On n'est pas loin des pulsions freudiennes, et plus tard des tropismes de Nathalie Sarraute. C'est ce monde que commence à observer Proust adolescent, lorsqu'il confie à son maître Darlu qu'il souffre d'un dédoublement constant : un moi en observe un autre, le conscient cherche l'inconscient, le surmoi le moi (ou le ça). Non sans douleur : « Quand j'ai commencé, à peu près à quatorze ou quinze ans, à me replier sur moi-même et à étudier ma vie intérieure cela n'a pas été une souffrance, au contraire. Plus tard, vers seize ans, cela est devenu intolérable, surtout physiquement, j'en ressentais une fatigue extrême, une sorte d'obsession. » Il a pu, cependant, l'année suivante, réagir contre « l'épuisement et le désespoir que cause ce dédoublement constant ».

Dès *Jean Santeuil,* Proust note « qu'il semble que ce soit dans les parties cachées à notre conscience que notre vie instinctive continue à se dérouler tout le cours de notre vie, comme bat notre pouls et circule notre sang ». Après avoir noté les mouvements qui s'opèrent à notre insu, l'amour qui continue, le chagrin d'un deuil, un geste charitable : « Nos actes seuls, restés en rapport avec l'instinct véritable que notre cerveau ne perçoit plus, témoignent de sa survivance. » C'est-à-dire que l'acte manifeste encore, comme signe, la passion inconsciente. Jean Santeuil une fois devant son papier « écrivait ce qu'il ne connaissait pas encore, ce qui l'invitait sous l'image où c'était caché (et qui n'était en quoi que ce soit un symbole) et non ce qui par raisonnement lui aurait paru intelligent et beau ».

Dans *À la recherche du temps perdu,* les occurrences du mot sont beaucoup plus nombreuses que dans le corpus romanesque témoin de son époque. La fréquence des mots, inconscient(e), inconsciemment, inconscience, subconscient, montre bien que pour Proust, comme pour Freud, c'est l'inconscient qui nous mène. C'est pourquoi dans notre conduite tout est à déchiffrer, à traduire, à interpréter. En employant les mots de la famille de l'inconscient, Proust souligne que le comportement des personnages est largement inconscient, et même plus : c'est toute leur conduite qui peut, langage compris, échapper à la conscience. D'autre part, les preuves de l'existence de l'inconscient que donne Freud, par exemple dans *Métapsychologie*, sont les signes que Proust reproduit, décrit, interprète : actes manqués, lapsus, rêves, souvenirs : « Si l'on tenait compte de l'existence de tous nos souvenirs latents, écrit Freud, il serait parfaitement inconcevable de contester l'inconscient. » Proust est le romancier qui a construit son œuvre sur les souvenirs latents.

Les personnages de la *Recherche* ne sont que sensation, instinct, habitude : tout est d'abord sensation, tout comportement est fondé sur l'instinct, et ce qui ne l'est pas devient habitude. Et cela est d'abord inconscient. C'est tout simplement le fait de n'avoir pas conscience de... M. Swann est « l'auteur inconscient » des tristesses du Narrateur. C'est le propre de la sensation : on éprouve ainsi « l'inconscient bien-être » d'un jour d'été. Puis des sentiments : la plupart des sentiments apparaissent de manière inconsciente, tels « le sentiment inconsciemment diabolique », la «férocité inconsciente» du grand-père. On peut prendre une «revanche inconsciente», faire preuve d'une «sottise inconsciente». Le langage parle malgré soi, comme nos allusions, nos raisonnements. Il y a un «inconscient ressouvenir» de certains mots. Les phrases les plus révélatrices, comme autant de confessions, échappent aux personnages malgré eux. Il faut alors, et c'est une des fonctions du Narrateur, interpréter : «Les paroles elles-mêmes ne me renseignaient qu'à condition d'être interprétées.» Tel adverbe se trouve ainsi manifester à lui seul la conflagration latente de deux idées.

Et, bien entendu, la sexualité est d'abord inconsciente. Le désir pour une femme à monocle ou une écuyère, ce désir, à quel «rêve durable et inconscient est-il lié?», demande le Narrateur. À propos de l'homosexualité, masculine, Proust décrit la jeune fille qui s'éveille à peine «dans l'inconscient de ce corps d'homme où elle est enfermée, et y lit un admirable effort inconscient de la nature : la reconnaissance du sexe par lui-même». C'est pourquoi il y a deux M. de Charlus, «l'intellectuel» et le «subconscient» (ce mot fait partie du vocabulaire de Janet). L'amour proustien est fait de jalousie, qui, note le Narrateur, est «cette curiosité à laquelle collaboraient toutes les forces de mon intelligence et de mon inconscient».

Le lieu, le temps où s'exprime de préférence l'inconscient, c'est bien entendu le sommeil, où on mène

« la vie inconsciente des végétaux ». Le sommeil est une véritable mort et le réveil est, comme la résurrection, un phénomène de mémoire. C'est l'important texte du *Côté de Guermantes* sur le « sommeil inconscient » : on y atteint les « antres où les "autosuggestions" préparent comme des sorcières l'infernal fricot des maladies imaginaires ou de la recrudescence des maladies nerveuses ». N'est-ce pas une image de l'inconscient aussi évocatrice que celle du lac oublié ? C'est alors que Proust fait l'inventaire capital de tous les sommeils, y compris le songe des parents dans une cage à rats.

On passe naturellement de ce qui est inconscient à l'inconscient lui-même, et c'est là qu'on retrouve Freud. Avant l'intelligence, écrit Proust à Jacques Rivière, je pose l'inconscient. Mon attention, explorant mon inconscient, dit le Narrateur du *Temps retrouvé*, allait chercher le livre intérieur de signes inconnus, lecture qui est un acte de création. Elle « allait chercher, heurtait, contournait, comme un plongeur qui sonde ». Ainsi le héros de la *Recherche*, comme les héroïnes des *Plaisirs et les Jours*, comme Jean Santeuil, exacts contemporains des lettres à Fliess, tourne-t-il son regard vers lui-même et pratique-t-il, comme leur auteur, l'auto-analyse : « Ce que nous n'avons pas eu à déchiffrer, à éclaircir par notre effort personnel, écrit Proust, ce qui était avant nous, n'est pas à nous. Ne vient de nous-mêmes que ce que nous tirons de l'obscurité qui est en nous et que ne connaissent pas les autres. » Cette obscurité se trouve, ajoute-t-il un peu plus loin, « aux profondeurs où ce qui a existé réellement gît inconnu de nous ». « L'obscurité qui est en nous », qu'est-ce, sinon l'inconscient ? Mais aussi la mémoire, la mémoire involontaire, qui est dans un réceptacle, et revient, à la faveur d'une sollicitation, sensation présente, rêve... Freud décrit tout ce matériel de nature explosive, ancien ou récent : les idées et les affects refoulés ainsi que les pulsions sous leur forme originaire, qui doivent se déguiser pour parvenir à la conscience. L'inconscient est chargé de désirs, sans doutes, sans ajournements, sans logique. Proust relève cet illogisme à propos des rêves.

L'artiste est doublement soumis à l'inconscient, comme objet d'étude, et comme sujet de l'analyse. Comme Elstir, il a un « don inconscient » dont il dégage la loi et la formule. Une partie de son œuvre lui échappe : c'est « l'organisme inconscient et généralisable où s'abrite l'idée », « la grande ossature inconsciente » que recouvrent les idées. Il y a dans la création artistique autre chose que l'intelligence : « Chaque jour je crois moins à l'intelligence », écrivait l'auteur de *Contre Sainte-Beuve*, si intelligent lui-même. Notre inconscient est plus clairvoyant que nous-même, dit le Narrateur d'*Albertine disparue*. Cependant, il faut commencer par l'intelligence, et non par « un intuitivisme de l'inconscient ». La vie nous apprend, c'est le sujet du roman, que « ce qui est le plus important pour notre cœur, ou pour notre esprit, ne nous est pas appris par le raisonnement, mais par des puissances autres. Et alors, c'est l'intelligence elle-même qui, se rendant compte de leur supériorité, abdique par raisonnement devant elles, et accepte de devenir leur collaboratrice et leur servante ». Derrière ces puissances autres, il y a l'inconscient, elles sont en lui.

CHAPITRE VII

Archéologie

Les grandes découvertes scientifiques, y compris dans les sciences humaines, se font en empruntant des modèles aux autres sciences. Sans ces emprunts, ces métissages, ces synthèses audacieuses, ces ruptures avec la grande convention universitaire et académique, il n'est pas de progrès du savoir, ni des arts. On peut avoir plusieurs modèles : la science de l'évolution et d'abord Darwin, qu'on retrouve chez Freud comme chez Proust (*Sodome et Gomorrhe I*), la biologie, la botanique (la fécondation de l'orchidée et *L'Intelligence des fleurs* de Maeterlinck utilisées dans *Sodome I*). La démarche des deux hommes emprunte consciemment à l'archéologie, à leur époque en plein essor, de Schliemann à Evans ou à Maspero : la Mésopotamie, la Crète, l'Égypte sont au cœur de leur pensée. Proust étend le domaine de cette discipline jusqu'à l'archéologie médiévale. Quant à Pompéi, cher aux deux esprits, il fait partie du savoir commun de l'homme cultivé depuis le xviiie siècle : il est donc mûr pour une interprétation symbolique, tout autant que les cités bibliques de Sodome et Gomorrhe.

Freud, on l'a souligné, compare la fouille dans l'inconscient et le passé à l'archéologie, confessant ainsi sa passion pour cette discipline. Proust n'emploie pas l'image à propos de la quête du passé, mais les explications données par Elstir sur l'église de Balbec sont nourries des livres d'Émile Mâle, et la crypte mérovingienne de l'église de Combray de Michelet et d'Augustin Thierry.

Les deux auteurs remontent toujours dans le temps et descendent toujours en profondeur. Sous ce qui se vit, se dit, se fait, il y a des choses à déterrer. Dans la présence spatiale du mot et du geste, dans leur présent, sous la première couche apparente, il y a des couches profondes, des Troie superposées. Schliemann est un des phares de Freud; il s'offre *Ilios* de ce dernier : « Cet homme a trouvé le bonheur en découvrant le trésor de Priam, tant il est vrai que la réalisation d'un désir infantile est seule capable d'engendrer le bonheur », écrit-il à Fliess en mai 1899. Et, en décembre, lorsqu'il découvre, chez un patient « une scène remontant à l'époque primitive, avant ses vingt-deux mois, profondément ensevelie sous tous les fantasmes », il s'écrie, s'identifiant à son héros : « Tout se passe comme si Schliemann avait de nouveau mis au jour cette ville de Troie que l'on croyait imaginaire. » Mais aussi bien en 1931 : « La pénétration dans la phase préœdipienne de la petite fille nous surprend comme, dans un autre domaine, la découverte de la civilisation minoé-mycénienne derrière celle des Grecs. »

Pour retrouver la scène primitive, le psychanalyste fouille sous les fantasmes. Il en est de même dans le temps, qu'il faut remonter jusqu'à l'enfance : les recherches de l'archéologue ressemblent d'abord à celles de la mémoire volontaire, au début de «Combray». Et puis il y aura, soudain, l'irruption de la mémoire involontaire, analogue à la trouvaille inespérée du fouilleur. Mais aussi le mot, le geste révélateurs de l'inconscient, comme tel mot d'Albertine (se faire casser le...), et aussi de Proust puisque ce n'est pas une expression employée par les femmes : Proust révèle ici que son personnage est un travesti, que sa femme est un homme. Albertine est un homme comme Charlus est une femme (« C'en était une ! »).

Dans un de ses derniers articles, «Constructions en analyse » (1937), Freud revient en détail sur le parallèle entre l'analyste et l'archéologue. Celui-ci reconstruit des édifices entiers en restaurant les parties manquantes. L'analyste fait de même, mais travaille sur du vivant, sur «quelque chose qui vit encore». La mémoire proustienne, elle aussi, reconstruit et interprète. Elle s'efforce également de dater les souvenirs, les couches superposées du passé, de ressusciter « quelque chose qui vit encore ». Le romancier jouit cependant d'un privilège supplémentaire : il peut inventer. Mais on sait que Proust, d'une certaine façon, et il l'affirme lui-même, par dénégation, à propos des Larivière cousins de Céleste Albaret, n'invente rien.

Rien ne se perd

On lit dans *Malaise dans la civilisation* : « Imaginons (que Rome) ne soit point un lieu d'habitations humaines mais un être psychique au passé aussi riche et aussi lointain, où rien de ce qui s'est une fois produit ne se serait perdu, et où toutes les phases récentes de son développement subsisteraient encore à côté des anciennes. »

C'est que, selon Freud : « Rien dans la vie psychique ne peut se perdre, rien ne disparaît de ce qui s'est formé, tout est conservé d'une façon quelconque et peut reparaître dans certaines circonstances favorables... »

Proust, lui, à propos d'un détail infime, un « potin » écrit, dans *À l'ombre des jeunes filles en fleurs* : « Ce potin m'éclaira sur les proportions inattendues de distraction et de présence d'esprit, de mémoire et d'oubli, dont est fait l'esprit humain : et je fus aussi merveilleusement surpris que le jour où lus pour la première fois, dans un livre de Maspero, qu'on savait exactement la liste des chasseurs qu'Assourbanipal invitait à ses chasses, dix siècles avant Jésus-Christ. » Comme toujours, Proust glisse des éléments de savoir technique dans des images, où, loin de paraître pédants, ils produisent un effet poétique ou humoristique. Pour réintégrer ces éléments dans le domaine du savoir encyclopédique, il faut décomposer l'image en éléments distincts, comme dans l'analyse du rêve.

Il en avait dit plus long, dans un article de mars 1907, avant de commencer à écrire *Du côté de chez Swann*, passage d'ailleurs coupé par la direction du *Figaro* qui avait publié l'article. Les poètes ont chanté la vie promise à l'oubli, qui dévore « ce qui paraissait le plus assuré de durer dans la mémoire des hommes ». « Mais voici que les archéologues et les archivistes nous montrent au contraire que rien n'est oublié, rien n'est détruit, que la plus chétive circonstance de la vie, la plus éloignée de nous, est allée marquer son sillon dans les immenses catacombes du passé où l'humanité raconte sa vie heure par heure ; qu'il n'est pas un champ de Crète, d'Égypte ou d'Assyrie où n'attendent, depuis les premiers âges, que vienne se soucier d'eux l'Histoire. » Et, après avoir mentionné les travaux de Lenôtre sur la vie quotidienne sous la Révolution : « Proche ou lointain, presque contemporain de nous ou antéhistorique, il n'est pas un détail, pas un entour de vie, si futile et fragile qu'il paraisse, qui ait péri.» «Dans cette immense survie de tout ce qui parut à la surface de la terre», il faut lire un appel optimiste (comme toujours chez Proust, qui aime à citer la phrase que Ruskin prête à saint Jean : «Travaillez pendant que vous avez la lumière») au travail des historiens, des romanciers, des psychologues, de l'ensemble des sciences humaines.

Le thème de Pompéi

Dès ses *Études sur l'hystérie* (1895), Freud a comparé sa technique à l'excavation d'une cité antique. Il montre à son patient, qui est «l'homme aux rats», les objets antiques sur son bureau, analogues aux impressions ensevelies dans l'inconscient : «C'est grâce à l'ensevelissement que ces objets se sont conservés. Pompéi ne tombe en ruine que maintenant, depuis qu'elle est déterrée.» Cet ensevelissement, Freud le compare au refoulement, dans *Délire et rêves dans la* Gradiva *de Jensen* : «Le refoulement, qui rend le psychique à la fois inabordable et le conserve intact, ne peut en effet mieux se comparer qu'à l'ensevelissement, tel qu'il fut dans le destin de Pompéi de le subir, et hors duquel la vie put renaître sous le travail de la bêche.» Or ce récit poétique se déroule, on le sait, à Pompéi et a pour héros un archéologue. On comprend qu'il ait fasciné Freud.

Mais que se passe-t-il, lorsque les objets ne sont pas rapportés intacts, qu'une restauration s'avère nécessaire ? « J'ai complété, dit-il à propos de Dora, ce qui était incomplet, mais, tel un archéologue consciencieux, je n'ai pas négligé, dans chaque cas, de faire connaître ce que j'ajoutais aux parties authentiques. » Proust, lui, utilise l'image de la restauration à propos du déplacement en rêve : « comme ces saints mutilés des cathédrales que des archéologues ignorants ont refaits ». Dans la résurrection par la mémoire involontaire, il n'y a au contraire pas de parties restaurées, pas de difficultés de datation. En tout cas, Proust n'en fait pas état. Cependant, c'est le récit, l'histoire qui veut être longue, qui tient lieu d'interstice, de remplissage, de restauration, en introduisant dans le souvenir ancien des parties modernes, qui font le roman, comme elles font l'analyse freudienne.

D'autre part, l'archéologue, note Proust à propos des jeunes filles sur la digue de Balbec, qui ont perdu le pouvoir magique de leurs premières apparitions, nous apprend que Minos n'était pas une créature divine, mais un roi comme un autre. Cette réalité dépoétisée, ce passé rendu prosaïque est analogue au fantasme auquel le psychanalyste ôte son prestige.

Pompéi, chez Proust comme chez Freud, jouit d'un grand pouvoir d'attraction et de symbolisation. La voiture à cheval qui ramène chez eux la grand-mère frappée d'une attaque et son petit-fils projette, au couchant, une ombre noire sur un mur rougeâtre,

« comme un char funèbre dans une terre cuite de Pompéi ». La ville est de même liée à la mort, pendant la guerre de 1914, où Charlus imagine Paris enseveli sous les bombes et ses habitants emportant leurs objets précieux et conservés dans la lave : « Si je pense, dit Charlus, que nous pouvons avoir demain le sort des villes du Vésuve, celles-ci sentaient qu'elles étaient menacées du sort des villes maudites de la Bible. On a retrouvé sur les murs d'une maison de Pompéi cette inscription révélatrice : *Sodoma, Gomora.* » Au fond de la ville funèbre, figure de l'inconscient, on trouve un sentiment de culpabilité lié à Sodome.

On comprend alors le culte que vouait Proust adolescent à Pline le Jeune. Celui-ci, dans les deux lettres qu'on traduisait jadis en classe, où il raconte l'éruption du Vésuve, rapporte comment, alors qu'elle le suppliait de partir seul, il a sauvé sa mère impotente de la mort en l'emportant dans ses bras. Pompéi, c'est aussi le lieu où le jeune homme que Proust aurait voulu être a donné à sa mère la plus grande preuve d'amour. Freud nous a appris (« Un type particulier du choix d'objet chez l'homme », 1910) ce que signifie le fantasme qui consiste à sauver son père, sa mère. Il vient du désir de l'enfant de rendre à ses parents le don de la vie. Mais derrière ce désir, un autre, d'avoir un enfant de sa mère, qui est soi, en devenant ainsi son propre père.

CHAPITRE VIII

Mémoire

La mémoire constitue-t-elle nos archives ? Freud le pense, lorsqu'il évoque en 1898 la fonction de la mémoire, « que nous aimons à nous représenter comme des archives ouvertes à tous ceux qu'anime le désir de savoir ». Jean Santeuil, quelques années auparavant, songe à son passé : « Et la photographie de tout cela avait pris sa place dans les archives de sa mémoire, des archives si vastes que dans la plus grande partie il n'irait jamais regarder, à moins d'un hasard qui les fît rouvrir... » Il n'irait jamais regarder : on sent poindre l'affirmation de Freud, suivant laquelle « la conscience ne comporte à chaque moment qu'un contenu minime », le reste se trouvant en état de latence, « donc dans un état d'inconscience psychique ». Si l'on tenait compte de l'existence de tous nos souvenirs, dit-il dans *Métapsychologie*, « on ne pourrait contester l'inconscient ». Nous ne croyons plus guère que nos souvenirs soient conservés comme des archives bien rangées. Ou alors il faut supposer que des personnages malintentionnés viennent subtiliser des dossiers devenus interdits de consultation et les remplacent par d'autres qui leur empruntent quelques éléments, ou encore qu'ils refoulent certains cartons compromettants. La mémoire remanie sans cesse son stock de souvenirs.

Dans un article de 1898, Freud dégage sept facteurs dont dépend la facilité avec laquelle nous réveillons un souvenir :
1. La constitution psychique de l'individu,
2. La force de l'impression à l'époque où elle était récente,
3. L'intérêt qu'on lui portait alors,
4. La constellation psychique au moment présent,
5. L'intérêt qui est accordé maintenant à ce réveil,
6. Les connexions dans lesquelles l'impression en question s'était trouvée impliquée,
7. La façon, favorable ou défavorable, dont se présentait un facteur psychique particulier, qui regimbait contre la reproduction de quelque chose qui fût susceptible de produire du déplaisir.
On appliquera sans peine et avec profit aux réminiscences proustiennes ces principes d'analyse.

Les réminiscences proustiennes parmi les plus célèbres ne sont pas d'ordre visuel : c'est la mémoire olfactive, le sens du toucher, de l'équilibre qui sont tour à tour sollicités, comme étant les moins usés par le temps et la mémoire volontaire. Freud insiste, lui, sur l'importance et la persistance des souvenirs visuels. « La transformation des pensées en images visuelles peut être une suite de l'attraction que le souvenir visuel qui cherche à reprendre vie exerce sur la pensée séparée de la conscience et avide de s'exprimer. » On a ainsi pu établir un lien entre les images de pans de mur éclairés et de tableaux : comme dans le rêve, dans le roman, un substitut d'une scène infantile est modifié par le transfert dans un passé récent. Proust visite une exposition hollandaise, revoit « le plus beau tableau du monde », comme il l'écrit dans une lettre, et le place dans son roman. Quelle est la scène infantile modifiée et transférée dans un passé récent ?

Le souvenir d'un écran : le mur éclairé de l'enfance, le pan de mur éclairé par la bougie de la scène du baiser du soir, que le Narrateur retrouve seul lorsqu'il se remémore Combray : « Je ne revis jamais que cette sorte de pan lumineux, découpé au milieu d'indistinctes ténèbres », déclare-t-il. Un goût particulier pour les tableaux provient peut-être de visions enfantines, comme une passion pour la musique découle de plaisirs sonores, non verbaux, sans images, datant d'une période encore plus archaïque : ne fait-on pas écouter de la musique aux enfants dans le sein de leur mère ? Ce plaisir visuel lié à une scène très chargée de contenus à expliciter, il est un jour retrouvé, mais par Bergotte, comme on l'a montré, dans le petit pan de mur jaune de la *Vue de Delft* de Vermeer. «Le plus beau tableau du monde» est celui qui vient de notre enfance, qui la représente, qui donne à la vision fugitive et paradisiaque l'éternité du tableau : Bergotte est mort, ses souvenirs, ses fantasmes, non la *Vue de Delft*.

Pour Freud, bien loin de l'éclipser, la mémoire fait la preuve de l'existence de l'inconscient. Les souvenirs latents, oubliés en apparence et qui ressurgissent, sont trop nombreux pour la mémoire présente, instantanée ou même volontaire. Nos souvenirs, «y compris les plus profondément gravés en nous, sont par nature inconscients». Ils déploient tous leurs effets, ajoute Freud, à l'état inconscient. Par un paradoxe apparent, ce sont précisément «les impressions qui ont agi le plus profondément, celle de notre première jeunesse, qui ne deviennent presque jamais conscientes». *Du côté de chez Swann* est l'histoire de ce rare retour à la conscience. Comme conscience et mémoire s'excluent, l'écriture est vitale pour garder la trace du souvenir. L'enfance est la principale source de la mémoire et du rêve. «Plus on analyse de rêves, plus on découvre de traces d'événements d'enfance qui ont joué dans le contenu latent le rôle de source de rêve.» Freud en 1898, au moment où il commence à s'intéresser aux vestiges des souvenirs de sa propre enfance, se sent submergé par un flot de souvenirs.

On ne trouve pas dans la correspondance de Proust l'équivalent des lettres de Freud à Fliess ; il est vrai que cinq années des lettres à Reynaldo Hahn ont disparu, et que nous ne saurons jamais ce que contenaient les cahiers que Céleste Albaret dit avoir brûlés à la fin de la guerre, à la demande de l'écrivain. On ne les trouve pas, surtout, parce que Proust ne confiait l'ensemble de ses sentiments intimes à personne, même pas à sa mère. Son auto-analyse, Proust l'a tentée une première fois en écrivant *Jean Santeuil*, de 1895 à 1899, c'est-à-dire exactement à l'époque des lettres de Freud à Fliess. Une seconde fois, sans doute, après la mort de sa mère, lors de sa cure à la clinique du docteur Sollier et de son séjour à Versailles à l'automne 1906, mais vraisemblablement pas par écrit. Cet examen silencieux aboutit à l'article, explosif comme le souvenir involontaire, de 1907, « Sentiments filiaux d'un parricide » et, au premier Carnet, dit de 1908, ce qui donne au moins sa date de départ. C'est là que Proust transcrit ses rêves.

Rêve et mémoire

On se rappelle en rêve quelque chose qui échappe à la mémoire de la veille. C'est parfois le rêve qui conserve le mieux les souvenirs. On s'en aperçoit lorsqu'un événement nouveau, souvent dû au hasard, « rappelle le souvenir perdu d'un événement

Mémoire

ancien», qui révèle l'origine du songe. De plus, le songe peut contenir des souvenirs inaccessibles à la veille, notamment des souvenirs d'enfance, ou des désirs, des impulsions de l'enfant. D'autre part, le rêve ne choisit pas dans la veille les éléments les plus importants, mais les plus insignifiants. Nous avons l'habitude de croire que nous nous souvenons des faits importants, non des futilités. Alors que l'étude des souvenirs d'enfance montre qu'il s'agit souvent de détails futiles aux dépens d'événements importants. En fait, des éléments sont laissés de côté, c'est pourquoi la scène semble insignifiante. Proust le note de son côté au début d'*À l'ombre des jeunes filles en fleurs* : ce qui nous rappelle le mieux un être, c'est ce que nous avions oublié parce que c'était insignifiant et que nous lui avons ainsi laissé toute sa force.

Le souvenir, ajoute Freud à l'observation proustienne, n'est pas conservé en fonction de son contenu propre, mais de sa relation avec un autre élément réprimé. Lorsqu'on arrive à reconstituer ces éléments, on retrouve l'importance de la scène («Tout Combray est sorti de ma tasse de thé» : tout Combray est important, non la tasse de thé). Car «dans le rêve la représentation retourne à l'image sensorielle d'où elle est sortie un jour». Le retour en arrière de la mémoire volontaire ne permet pas de faire revivre «les images de perception» initiales, alors que le rêve rend cette résurrection possible. On entrevoit ici que la mémoire involontaire proustienne tient au moins une partie du rôle du rêve chez Freud. Elle seule restitue l'intensité de la perception initiale, de la madeleine par exemple.

On peut affirmer que rien de ce que nous avons possédé intellectuellement, ou grâce au rêve, ne peut être entièrement perdu. Plutôt que de souvenirs, on pourra parler de « traces mnésiques », visuelles ou auditives (mais non gustatives ni olfactives : en rêve on ne sent pas, ni ne goûte), petites unités en lesquelles il se décompose. C'est d'ailleurs, selon Freud, sur ces traces et leurs systèmes d'association que repose ce que nous appelons notre caractère, ce caractère même à la recherche duquel se met tout romancier.

La mémoire freudienne n'est pas une mémoire heureuse, parce qu'elle est fondée sur une cruelle tragédie. La mémoire proustienne, au contraire, sait l'art d'évoquer les minutes heureuses. Dès *Jean Santeuil*, le héros entend en rêve le nom d'un amant de la femme qu'il a aimée : « C'était son âme d'autrefois qui, anxieuse sans doute de n'avoir pas eu ses adieux, était revenue cette nuit-là l'attendrir, le charmer et le tourmenter encore à la faveur de la nuit, le plein jour lui étant interdit. » Interdit ? C'est désigner le refoulement.

Tout esprit attentif au souvenir proustien aura noté que la mémoire involontaire ne rapporte que des souvenirs heureux, ou insignifiants (madeleine, serviette, pavés inégaux) mais chargés de plaisir. Sauf deux : les « intermittences du cœur » dans *Sodome et Gomorrhe*. Le Narrateur, rappelant en les refaisant des gestes du passé, découvre toute l'étendue du deuil de sa grand-mère. Apprenant qu'Albertine connaissait Mlle Vinteuil et son amie, il revit la scène de Montjouvain et imagine Albertine lesbienne, en pleine action (ou passion).

C'est Freud qui nous livre l'explication de la mémoire involontaire douloureuse. La scène des intermittences du cœur illustre sa théorie suivant laquelle « lorsqu'un incident a provoqué un certain déplaisir et qu'en ressurgissant il provoque le même déplaisir, l'inhibition ne suffit plus. Le souvenir agit alors comme un événement actuel ». C'est exactement ce que montre Proust : le Narrateur découvre qu'il a perdu sa grand-mère pour toujours, ou qu'Albertine a été élevée par l'amie (lesbienne) de Mlle Vinteuil. Certes, Freud ajoute que cela ne se réalise que lorsqu'il s'agit d'incidents d'ordre sexuel. On pourrait montrer que la sexualité est impliquée dans les deux cas.

Souvenirs-écrans

Freud a porté un coup sévère à la poésie des souvenirs d'enfance, en montrant que s'ils étaient poétiques, ce n'étaient pas de vrais souvenirs, mais des souvenirs-écrans, et que si on réduisait la scène remémorée à ses composantes, de dates d'ailleurs différentes, elle n'était plus poétique, et cachait une réalité brutale, par exemple le désir de défloration. Les souvenirs d'enfance sont des « fictions », comme l'autobiographie ou le journal intime, des « inventions poétiques », des écrans qui cachent les véritables traces mnésiques. Il n'y a pas de souvenirs provenant de l'enfance ; mais des souvenirs relatifs à l'enfance, formés ultérieurement. « Les soi-disant souvenirs de la première enfance ne sont pas les vestiges d'événements réels, écrit Freud, mais une élaboration ultérieure de ces vestiges, laquelle a dû s'effectuer sous l'influence de diverses forces psychiques intervenues par la suite. » C'est ainsi que les « souvenirs d'enfance » acquièrent de manière générale la signification de souvenirs-écrans. On ajoutera que ces souvenirs-écrans n'en cachent pas d'autres, mais dissimulent des « traces » mnésiques. Sur ces traces s'est effectué le refoulement. Le souvenir refoulé vole en éclats ; les éclats se recombinent comme des corps chimiques pour le falsifier : « Un fragment de la scène vue se trouve ainsi relié à un fragment de la scène entendue pour former un fantasme, tandis que le fragment non utilisé entre dans une autre combinaison », écrit Freud à Fliess. C'est ainsi que le fantasme est la mort du souvenir. Lorsque le fantasme est refoulé, il se change en scène d'enfance. Mais il y a des traits communs entre lui et elle, des traces mnésiques.

Et ce sont les détails inaperçus (le petit pan de mur jaune, qu'on a rapproché du souvenir d'une robe jaune évoquant un amour perdu, chez Freud) qui attestent la source véritable, qu'on a comparée à la signature de l'artiste.

Une scène représente dans la mémoire des impressions et des pensées datant d'une époque ultérieure avec laquelle elle entretient des relations symboliques (Mlle Vinteuil et la résurrection de la scène au moment où le Narrateur va quitter Balbec avec Albertine). Ainsi Freud lui-même, se souvenant d'une robe jaune appartenant à la jeune fille qu'il aimait, a fondu cette image dans une scène postérieure. Sa mémoire a fait preuve d'«invention poétique». Mais dans d'autres cas la scène peut être antérieure : le souvenir-écran est rétrograde ou anticipateur. Freud lui-même présente une scène qui situe rétroactivement dans la petite enfance «le souvenir d'un acte de séduction commis ultérieurement, à savoir l'incitation à la masturbation». Qui pourra dire si l'image de la petite Gilberte, au fond du parc de Tansonville, faisant un geste obscène, vient d'une scène postérieure ? ou celle du cabinet sentant l'iris ? On songera aussi au jeu dans les bosquets des Champs-Élysées entre le Narrateur et Gilberte, autre scène d'onanisme. On verrait dans le mélange de plusieurs époques l'explication du flottement sur l'âge des protagonistes : si ce sont des enfants, comment peuvent-ils se livrer à ces pratiques ? Si ce sont des adolescents, comment peuvent-ils jouer dans le jardin public ?

Freud va encore plus loin dans ce qui est pour nous l'exploration de la création littéraire, autour du souvenir d'enfance, lorsqu'il affirme que la confrontation entre le moi qui agit et le moi qui se souvient est la preuve que l'impression d'origine a été retravaillée. Il suffira donc qu'un auteur raconte ses souvenirs d'enfance pour signifier qu'il s'agit d'une fiction. Une trace mnésique datant de l'enfance a « fait l'objet, à une époque postérieure (période de réveil) d'une traduction rétroactive en éléments plastiques et visuels ». L'impression d'origine n'est pas parvenue à notre conscience. Peu importe au fond que, dans *Du côté de chez Swann*, je désigne Proust, ou le Narrateur, personnage fictif : tout est fiction.

Tristesse de penser que nous ne connaîtrons pas les traces mnésiques originelles, parce que Proust lui-même ne les a pas connues. Mais elles seraient sans doute banales, à en juger par les récits des névrosés. Ce n'est pas parce qu'on souffre qu'on est original. Un romancier analysé peut édifier son œuvre sur ses fantasmes éclaircis, ses rêves interprétés, son drame personnel accepté. Non sans risque esthétique : le marché est encombré de ces livres pathétiques qui se prétendent des romans et récrivent une lettre au père, à la mère, à l'amant ou à l'amante perdus et retrouvés. Imaginons que Shakespeare ait écrit une lettre à sa mère, ou à son père, ou des souvenirs d'enfance déguisés en fiction : point d'Hamlet. Proust déconseillait aux écrivains de prendre des notes et de tenir un journal intime, Gide compris : on imagine la scène, et la tête de l'homme qui ne vivait que pour ses écrits personnels et son journal.

Pour en revenir à «Combray», saurons-nous jamais ce que cache la scène de la tasse de thé? Non plus que la serviette blanche du *Temps retrouvé*, raide et empesée comme le linge de toilette et de table d'autrefois, dans *À l'ombre des jeunes filles en fleurs,* à moins qu'on ne la relie au souvenir involontaire des draps blancs dans *Jean Santeuil*. Dans ce premier roman, plus proche de l'autobiographie, l'odeur de la serviette d'un serveur rappelle à Jean sa mère : elle le met au lit dans une chemise de nuit blanche (vêtement asexué : le pyjama est une invention tardive et ne devient vêtement de nuit que plus tard) et dans des draps blancs. Voici surgir le couple de la mère et de l'enfant, l'un dans les bras de l'autre, au bord de quels draps blancs, de quel lit conjugal?

Une autre hypothèse peut aussi se faire jour. Et si les extases de mémoire, les révélations de la mémoire involontaire, rares explosions, jaillies de l'inconscient, étaient l'équivalent des découvertes de l'analyse? Ou tout au moins, échappaient à la censure et au refoulement ? Sinon, quelle différence entre les souvenirs volontaires et les involontaires ? Ne peut-on imaginer que ces souvenirs forcent tous les barrages ? Rien de compromettant, ou de dramatique, dira-t-on, dans le souvenir de la madeleine trempée dans du thé, dans les pavés inégaux de l'hôtel de Guermantes. Rien, sauf le réseau d'associations, ce large filet qu'ils traînent après eux. « Une trace ne vient à parler que si elle entre en connexion avec d'autres », a-t-on dit. Ce que permet en principe la fameuse règle de libre association. Dans l'œuvre littéraire, ces connexions sont déjà là.

Tout se passe comme si la mémoire involontaire et le souvenir onirique plongeaient dans un monde où il n'y a plus de temps. Freud le marque fortement : pour l'inconscient, il n'y a pas de temps ; c'est la conscience qui l'introduit. L'intuition s'oppose au temps long de la narration. La mémoire involontaire, comme l'inconscient, ignore le temps ou constitue un peu de temps à l'état pur. La phrase : « Au bout d'une seconde il y eut beaucoup d'heures qu'elle était partie » n'est pas d'un surréaliste ; elle se trouve dans le rêve de Swann. Le Narrateur du *Temps retrouvé* déclare : « Et c'était peut-être aussi par le jeu formidable avec le temps que le Rêve m'avait fasciné. N'avais-je pas vu souvent en une nuit, en une minute d'une nuit, des temps bien lointains, relégués à ces distances énormes où nous ne pouvons plus rien distinguer des sentiments que nous y éprouvions, fondre à toute vitesse sur nous, nous aveuglant de leur clarté, comme s'ils avaient été des avions géants au lieu des pâles étoiles que nous croyions, nous faire revoir tout ce qu'ils avaient contenu pour nous, nous donnant l'émotion, le choc, la clarté de leur voisinage immédiat. »

CHAPITRE IX

Enfance

Proust comme Freud ont situé dans l'enfance l'origine de tout conflit psychologique. Combien de fois le premier n'a-t-il pas fait remonter à la scène du baiser du soir et à la capitulation de son père l'origine des troubles psychologiques du Narrateur ! Et Freud à ce sujet : « Je prétends que l'influence de l'enfance se fait sentir jusque dans la situation initiale où se forme la névrose en jouant un rôle décisif pour déterminer si et en quel point l'individu faillira devant les problèmes réels de la vie. » Et à propos d'un de ses patients : « On dirait qu'un fil continu et ininterrompu d'activité psychique, parti de ses conflits d'enfance, est resté imbriqué à tout le tissu de sa vie. » Tout se passe comme s'il commentait la scène du baiser du soir à Combray, dont on s'est demandé si elle constituait un souvenir-écran, à laquelle le Narrateur fait remonter l'origine de ses angoisses et de ses échecs. Une des découvertes les plus fascinantes de Freud et de Proust est celle de « l'origine infantile des désirs humains les plus constants », inavouables en société et dissimulés même à la mémoire volontaire et à l'observation consciente. L'enfant passe du principe de plaisir, de la satisfaction immédiate, au principe de réalité, à la satisfaction différée. Retarder la satisfaction d'un désir, c'est accéder à la maîtrise de soi. Mais toute la vie ces deux principes luttent entre eux et l'enfant de Combray, dans la scène du baiser du soir, fait triompher à ses dépens le principe de plaisir. Il est conscient lui-même que sa névrose date de là.

L'exploration de la petite enfance, dévolue au rêve chez Freud, l'est à la mémoire involontaire chez Proust. Mais il n'y aurait pas de mémoire involontaire s'il n'y avait pas d'oubli. L'amnésie infantile, dont Freud a le premier souligné l'importance (en 1905, tout en renvoyant à son article de 1899 sur les souvenirs-écrans, recueilli dans la *Psychopathologie*) a frappé aussi l'enfant de *Du côté de chez Swan*n. « Ces mêmes impressions tombées dans l'oubli n'en ont pas moins laissé dans notre âme les traces les plus profondes », lit-on dans les *Trois Essais*, et la fin de Combray pose la question : « Tout cela était en réalité mort pour moi. Mort à jamais ? C'était possible. » Le Narrateur n'a gardé de sa petite enfance qu'un seul souvenir, le drame de son coucher. Tout le reste a été refoulé, comme détruit par ce souvenir unique qui cache le reste : « Il en est ainsi de notre passé.

C'est peine perdue que nous cherchions à l'évoquer, tous les efforts de notre intelligence sont inutiles. » Le héros croit que le passé est caché hors de la portée de l'intelligence, en « quelque objet matériel », c'est-à-dire dans une sensation, reflet de l'objet, profondément enfouie. C'est par un phénomène d'association, d'ailleurs involontaire, qu'elle renaît.

Les souvenirs n'ont pas disparu, sans qu'on connaisse les forces qui ont amené ce refoulement. A-t-il un lien avec la sexualité infantile ? En tout cas, note Freud, « l'individu possède un ensemble de vestiges laissés par le souvenir, dont la conscience ne peut pas disposer et qui deviennent, par un processus d'association, centres d'attraction pour les éléments que des forces parties de la conscience repoussent et refoulent ». L'amnésie infantile nous crée une sorte de « préhistoire » qui abrite les débuts de notre vie sexuelle. Nous, c'est aussi le Narrateur de Combray, et Proust. L'épisode de la madeleine va permettre de ressusciter quelques-uns de ces vestiges, quelques-unes de ces forces.

Sexualité infantile chez Freud

« Lorsque l'enfant paraît », le cercle de famille a tort « d'applaudir à grands cris ». Cet amas de gestes violents, d'agressions sorties ou rentrées, de désirs inavouables et informulés, de tout ce que les parents modernes refusent de voir, Freud l'a décrit, mis au jour, expliqué, c'est-à-dire ramené à ses causes. Mais non sans dommage, pour lui-même d'abord. Il n'est pas de sujet qui lui ait valu plus de refus, de moqueries, d'impopularité. Qui n'a entendu un professeur de philosophie rire grassement en évoquant le sadisme anal ?

On est moins attentif à l'art du psychanalyste, un art tout littéraire. Par exemple lorsqu'il décrit l'enfant pourvu d'un petit frère : « Il se sent détrôné, spolié, lésé dans ses droits, il voue une haine jalouse au petit frère ou à la petite sœur et développe contre la mère infidèle une animosité qui s'exprime souvent par une modification désagréable de son comportement. (…) Nous nous faisons rarement une idée exacte de la force de ces motions de jalousie (…) Les revendications d'amour de l'enfant sont démesurées, exigent l'exclusivité, ne tolèrent aucun partage. » Il avait affirmé plus haut : « Il semble que l'avidité de l'enfant pour sa première nourriture soit insatiable, qu'il ne se console jamais de la perte du sein maternel. » Mais c'est surtout la peinture des désirs sexuels multiples de l'enfant, qui a constitué une révélation, désirs qui le plus souvent ne peuvent être satisfaits.

L'évolution de la sexualité infantile connaît, pense Freud, une période de latence, pendant laquelle se constituent les forces psychiques qui plus tard feront obstacle aux pulsions sexuelles : « le dégoût, la pudeur, les aspirations morales et esthétiques ».

On voit ainsi le jeune héros de Combray rêver à la littérature. Les tendances sont appliquées à d'autres fins que sexuelles : c'est la sublimation. Freud affirme alors que pendant les années d'enfance, la sexualité reste sans emploi, et qu'elle est « par elle-même perverse ».

Tout commence avec les désirs multiformes et hautement diversifiés : le suçotement, qui remonte à l'allaitement, les attouchements, notamment des parties génitales, l'auto-érotisme. L'enfant se satisfait de son propre corps. Sans avoir encore d'objet sexuel extérieur, il reconnaît des zones érogènes, dont les lèvres, organe du baiser (et l'on connaît, outre celle de Combray, les autres scènes de baiser chez Proust, à Albertine par exemple : chez les individus dont la « zone labiale est congénitalement fort développée », Freud parle de « recherche des baisers pervers »).

La mémoire involontaire a triomphé de l'amnésie infantile et nous fait découvrir ce qui était refoulé : tout le monde de la sexualité infantile chez Proust. La scène du baiser du soir renvoie aux contacts les plus anciens avec la mère et au temps de l'allaitement, de la succion primitive. Dans le petit cabinet sentant l'iris ont lieu des scènes de masturbation : « Avec les hésitations héroïques du voyageur qui entreprend une exploration ou du désespéré qui se suicide, défaillant, je me frayais en moi-même une route inconnue et que je croyais mortelle, jusqu'au moment où une trace naturelle comme celle d'un colimaçon s'ajoutait aux feuilles du cassis sauvage qui se penchaient vers moi. » L'odeur de l'urine sentant l'asperge renvoie aux fonctions génitales.

L'enfant découvre cependant des objets sexuels extérieurs. Dans l'exaltation donnée par la solitude campagnarde naît le fantasme d'une paysanne à serrer dans ses bras : le plaisir naît alors brusquement. L'imagination donne des forces à la sensualité et réciproquement. Des pulsions, dit Freud, poussent les enfants à être voyeurs ou exhibitionnistes, ou à la cruauté. C'est Gilberte qui est exhibitionniste, au fond d'une allée ; le Narrateur est voyeur, ici, et lorsqu'il observe, à travers une vitre, Mlle Vinteuil et son amie (elles-mêmes exhibitionnistes : « Quand on nous verrait, ce ne serait que meilleur »). Et la cruauté est partout : on torture la grand-mère en faisant boire du cognac à son mari, Françoise tue sauvagement les poulets et harcèle la fille de cuisine. Ce n'est pas l'enfant qui est cruel, mais il fait l'apprentissage du sadisme au cours de ces scènes, une éducation qui le mènera à l'hôtel de passe de Jupien, dans *Le Temps retrouvé*.

Le Narrateur en promenade aperçoit une petite fille, qui n'est autre que Gilberte Swann, au fond du parc, qui lui adresse un geste indécent, et Charlus aux yeux exorbités : c'est l'intervention de la séduction, dont parle Freud, qui peut faire de l'enfant un « pervers polymorphe » et l'amener à toutes sortes de transgressions. Il fait allusion à ces femmes qui « sous l'empire d'un séducteur averti, prennent goût à toutes les perversités et en feront désormais usage dans leur activité sexuelle ». La disposition à toutes les perversions est « quelque chose de profond et de généralement humain ». Il y a, dans « Combray », un déplacement intéressant : la scène de séduction par Gilberte au fond du parc, et par Charlus aux yeux exorbités, n'est pas immédiatement suivie d'effet. Mais près du donjon de Roussainville, les enfants se livrent à des activités sexuelles sous la conduite de Théodore lui-même, on l'apprendra ultérieurement. Plus tard encore, les enfants se retrouvent au jardin des Champs-Élysées, et le Narrateur lutte avec Gilberte. Il fait partie de ces personnes dont parlent les *Trois Essais sur la théorie de la sexualité,* qui ont ressenti une excitation de l'appareil génital pendant une lutte corps-à-corps avec des camarades.

Quant à la pulsion à la *cruauté,* elle ne prend son plein effet qu'à l'âge adulte. Mais l'enfant, nous dit Freud, est en général porté à la cruauté, car « la pulsion de maîtriser n'est pas encore arrêtée par la vue de la douleur d'autrui, la pitié ne se développant que relativement plus tard. (…) L'absence de pitié entraîne un danger : l'association formée pendant l'enfance entre les pulsions érotiques et la cruauté se montrera plus tard indissoluble ». Ce que Freud appelle absence de pitié, Proust le dénonce, à propos de Mlle Vinteuil, comme l'indifférence aux souffrances qu'on cause, qui est la forme terrible et permanente de la cruauté.

Si l'enfant est si attiré, captivé par les scènes au contenu sexuel latent ou explicite, c'est sans doute à cause de ce que Freud a analysé comme la pulsion de savoir : « L'enfant s'attache aux problèmes sexuels avec une intensité imprévue et l'on peut même dire que ce sont là les problèmes éveillant son intelligence. » L'événement qui déclenche cette quête, justement, ne figure pas dans *Du côté de chez Swann*; mais il s'est bien produit dans la vie de Marcel Proust : la naissance d'un petit frère. L'enfant, se sentant menacé, commence à réfléchir. On sait qu'il s'interroge sur ce qui manque à la femme et ne finit par admettre l'absence du pénis qu'après « de graves luttes intérieures ». Les efforts des enfants « en vue de trouver un équivalent au pénis perdu de la femme jouent un grand rôle dans la genèse de perversions multiples », celles justement dont la *Recherche* dresse le tableau. Pendant ce temps, la petite Gilberte est sujette à « l'envie du pénis » qui la porte au désir d'être un garçon.

La pulsion de savoir, Proust en parle à propos de son jeune héros, qui sent s'agrandir en lui la blessure creusée en lui par le savoir.

Freud décrit un stade lié à cette pulsion du développement de l'enfant très important pour comprendre l'œuvre (et la vie) de Proust : la conception sadique des rapports sexuels. Il la fait remonter à la vue d'une *scène originelle*. Témoins des rapports de leurs parents, les enfants « ne manqueront pas d'interpréter l'acte sexuel comme une espèce de mauvais traitement, ou d'abus de force, c'est-à-dire qu'ils donneront à cet acte une signification sadique ». Une telle impression reçue tôt contribue « à favoriser ultérieurement un déplacement sadique du but sexuel ». On sait que toutes les scènes d'amour physique relatées par Proust ont un caractère sadique et sont, souvent et comme par jeu, comparées à un crime. C'est déjà le cas dans *Les Plaisirs et les Jours*, où la mère surprend par la fenêtre une scène interdite, entre sa fille et un jeune homme, et en meurt ; la jeune fille pense l'avoir tuée. Dans *Du côté de chez Swann*, c'est la scène qui unit Mlle Vinteuil et son amie, justement sous le regard du père profané. Dans *Sodome et Gomorrhe I*, le Narrateur écoute Charlus et Jupien à travers une cloison : « J'aurais pu croire qu'une personne en égorgeait une autre à côté de moi et qu'ensuite le meurtrier et sa victime ressuscitée prenaient un bain pour effacer les traces du crime. » Comme si la scène sadique donnait la vérité de l'amour proustien : au *Temps retrouvé*, dans l'hôtel de passe de Jupien, le Narrateur entend des plaintes étouffées, suivies de cris de douleur. C'est encore le cas dans une lettre inédite de Proust dont nous avons reconstitué les éléments dans notre biographie, lorsqu'il entend, rue Laurent-Pichat, un couple faire l'amour : « Les voisins dont me sépare la cloison font l'amour avec une frénésie dont je suis jaloux. Quand je pense que pour moi cette sensation est plus faible que celle de boire un verre de bière fraîche j'envie des gens qui peuvent pousser des cris tels que la première fois j'ai cru à un assassinat. »

Un couple, un regard interdit. Dans ces scènes obsessionnelles, on trouve la peur d'être surpris, ou le souvenir de l'avoir été, mais aussi, comme en rêve, si on retourne l'image, la peur de surprendre, et aussi le souvenir inconscient d'avoir surpris. L'acte sexuel entendu à travers une cloison revient donc plusieurs fois dans la *Recherche*. Le plus connu est situé dans *Sodome et Gomorrhe I*. Les termes en apparence ironiques employés, et notamment l'allusion au meurtre, n'en sont pas moins significatifs de la peur proustienne de l'acte sexuel. On le retrouve écouté, dérobé, dans *Albertine disparue,* à propos de la petite blanchisseuse (« Tu me mets aux anges »). Il figurait déjà par allusion plus tôt dans le récit. Et dans la lettre écrite rue Laurent Pichat, qui teste sur son destinataire la scène de *Sodome I*. Des scènes sexuelles surprises, il y en a d'autres : dès *Les Plaisirs et les Jours,* la mère surprenant la jeune fille en fâcheuse posture, dans *Swann* Mlle Vinteuil et son amie aperçues par une fenêtre, Morel et le prince de Guermantes observés par Charlus dans la maison de passe de Maineville, Charlus enchaîné vu par un vasistas dans *Le Temps retrouvé*.

Les scènes vues surprennent pourtant moins que les scènes entendues : les bruits à travers la cloison nous paraissent évoquer plus sûrement, avec moins d'enjolivements et de variations, la scène primitive. L'œil ne perce pas les murs. Mais un petit garçon s'approche de la cloison, tend l'oreille, entend l'indicible, l'invisible, l'incompréhensible et l'emporte avec lui pour toujours. Les fantasmes, nous dit Freud, « élaborés à l'aide de choses entendues et utilisées après coup, combinent ainsi ce qui a été vécu et ce qui a été entendu, ce qui est passé (tiré de l'histoire des parents et des grands-parents) avec ce qui a été vu par la personne elle-même. Ils ont avec ce qui a été entendu le même rapport que les rêves avec ce qui a été vu. Car en rêve, on n'entend rien, mais on voit ».

On est loin d'une enfance sentimentale, angélique, sulpicienne. Loin même du *Roman d'un enfant*, du *Livre de mon ami*, ou des misères extérieures des enfants de Dickens. Près de Rousseau, jamais cité par Proust, mais mentionné par Freud, à propos de la fameuse scène de la fessée.

CHAPITRE X

Femmes

Freud s'impatiente ou se décourage parfois de ne pas en savoir davantage sur la féminité, et renvoie aux poètes, en attendant les progrès de la science. Ses biographes le montrent pourtant entouré de femmes, dans sa famille et parmi ses patientes ou ses disciples, de Lou Andreas-Salomé à Marie Bonaparte, qui le sauvera des nazis, et à sa fille Anna. Il devait aussi à deux femmes et à leur intervention politique, qu'il avait longtemps répugné à solliciter, sa nomination trop tardive au grade de professeur. Il y a d'abord sa mère, dont il parle moins que de son père, et dont pourtant la personnalité a dû le marquer profondément. Proust, lui, ne fait jamais part de difficultés propres à la connaissance des femmes : ce sont tous les êtres qui lui apparaissent comme inconnaissables, surtout dans l'amour. Finalement, l'incompréhension de Freud à l'égard de Dora évoque celle du Narrateur à l'égard d'Albertine.

On ne songera pas à appliquer aux personnages

de la *Recherche* toute la théorie freudienne de la sexualité féminine. On verra pourtant que de très curieuses pages de *La Prisonnière* vont loin dans la même exploration.

Féminité et sexualité chez Proust

Nous sommes à l'époque de Conan Doyle et nous lisons un amateur d'Agatha Christie et de Dorothy Sayers, qui est passionné par les énigmes : ainsi Freud confie-t-il à Ferenczi être depuis longtemps tourmenté par *Macbeth*. Il ne retrouve le calme que, comme il le dit à Jones à propos d'Hamlet, lorsqu'il a trouvé «la solution du mystère». Nous lisons donc sous sa plume de véritables enquêtes, dont les titres alléchants pourraient être ceux de nouvelles policières : «Une névrose diabolique au XVIIe siècle», «Un trouble de mémoire sur l'Acropole», «Éphémère destinée», «Les trois coffrets» et, bien sûr, «L'inquiétante étrangeté». Et même *Un souvenir d'enfance de Léonard de Vinci*, les pages de *L'Interprétation des rêves* sur Hamlet. C'est dans un de ces textes littéraires de Freud que nous trouvons une distinction très importante : il s'est avisé qu'en superposant le jugement de Pâris, la première scène du *Roi Lear* et la scène des trois coffrets dans *Le Marchand de Venise*, on trouve un motif commun à «dépister», celui des trois femmes. Dans cette dernière pièce, les prétendants doivent, pour épouser Portia, choisir l'un des trois coffrets. Chacun d'eux correspond à un type de femme : la génitrice, la compagne et la destructrice, ou encore «les trois formes sous lesquelles se présente, au cours de la vie, l'image même de la mère : la mère elle-même, l'amante que l'homme choisit à l'image de celle-ci et, finalement, la Terre-Mère qui le reprend à nouveau». Freud (mais aussi bien Proust) nous invite à dégager des types en psychanalyse comme en critique littéraire, et comme en écrivant des romans : « Il ne me semble pas nécessaire de justifier ma démarche qui vise (…) à dégager d'abord du matériel des observations des types extrêmes et nettement circonscrits. »

La *génitrice* : Proust se garde pourtant de peindre des mères de famille, à part celle du Narrateur ou des femmes au foyer : il n'y a, à part le héros, qui est fils unique, pas d'enfants dans son œuvre. Pas d'enfants, et pourtant, on l'a vu, une réflexion capitale sur l'enfance. C'est une différence majeure avec Freud, père de famille nombreuse, et qui a mis l'enfant au cœur de son œuvre, y compris dans les analyses publiées, comme celle du petit Hans ou du petit Léonard de Vinci. Mme Verdurin, Odette Swann, la duchesse de Guermantes ont fait de leur vie sociale et culturelle une véritable profession, qui sollicite tous leurs moyens et tous leurs instants. Elles héritent ainsi une tradition qui en France remonte au Moyen Âge et passe par la Renaissance et les salons du XVIIe et du XVIIIe siècles. Aucune de ces femmes, contrairement aux domestiques, n'exerce de profession au sens strict, mais les hommes non plus : on les voit toujours, les artistes et les médecins mis à part, comme des hommes du monde d'autrefois, du temps où il était impoli de parler de ses activités professionnelles.

La *compagne*, c'est aussi le rôle de la grand-mère et de la mère du Narrateur dans la *Recherche*, qui vit dans l'admiration de son mari, telle Mme Santeuil dans le premier roman de Proust, tout comme Mme Cottard ou Mme Elstir. Odette, devenue Forcheville se range dans cette catégorie. C'est aussi une des fonctions de la duchesse de Guermantes, qui supporte avec constance les avanies que lui inflige son époux.

La *destructrice* est sans doute la catégorie la plus intéressante. On y trouve Odette, qui détruit Swann, Mlle Vinteuil qui ruine la vie de son père, et son amie dont on ne saura jamais le nom, Rachel qui ruine moralement Saint-Loup, Albertine, « grande déesse du temps », qui fait le désespoir du Narrateur (mais il soutient également que c'est lui-même qui a détruit Albertine et causé sa fuite, puis sa mort).

Trois autres types de femmes, si on se réfère d'abord à la sexualité, suivant leur réaction au « traumatisme qu'est pour la petite fille la découverte de la différence entre les sexes » (selon Marie Bonaparte, qui développe dans son essai sur la *Sexualité de la femme* l'article de Freud sur la sexualité féminine de 1931) en fonction de leurs capacités érotiques. Les unes, nous dit-elle, ont remplacé le désir de l'organe masculin par celui d'avoir un enfant, et sont devenues « normales, vaginales, maternelles ». D'autres ont renoncé à la compétition avec l'homme, à toute sexualité tournée vers un objet extérieur et sont devenues, dans la société, comme les ouvrières de la ruche ou de la fourmilière : c'est le cas de Françoise. D'autres enfin « se cramponnent à ce que toute femme recèle de virilité psychique et organique, complexe de virilité et clitoris ». Marie Bonaparte ne désigne pas ici seulement les homosexuelles, mais aussi les femmes qui n'arrivent pas au plaisir vaginal. L'auteur de *Sodome et Gomorrhe* est, comme Baudelaire, très attiré par cette catégorie de femmes. On aura compris que c'est d'elles que Proust décrit l'orgasme.

Le *corps féminin* (d'Albertine) est décrit, dans *La Prisonnière*, comme amputé de l'organe masculin : « Son ventre (dissimulant la place qui chez l'homme s'enlaidit comme du crampon resté fiché dans une statue descellée) se refermait, à la jonction des cuisses, par deux valves d'une courbe aussi assoupie, aussi reposante, aussi claustrale que celle de l'horizon quand le soleil a disparu. » Sur la première dactylographie, Proust avait écrit : « la place d'un divin puzzle au saillant accidentel dont s'enlaidit l'homme ». Il y a d'abord l'idée de laideur, puis de hasard, de ce qui aurait pu ne pas exister et qui n'est pas beau, crampon resté fiché ou saillant accidentel. Le divin puzzle, brillante expression poétique, mais raturée, fait penser au « corps morcelé » de Lacan, « qui se montre régulièrement dans les rêves, quand la motion de l'analyse touche à un certain niveau de désintégration agressive de l'individu ». En somme, bien loin que la fille soit un garçon manqué, comme le croyait Freud vers 1920, pour Proust, c'est le garçon qui est une fille manquée.

Le rêve d'être une femme, ou celui de la castration non plus redoutée mais assumée, du garçon comme fille manquée, avec son appendice en trop, se trouve ici avoué. Et sous le rêve d'être une femme, l'identification à la mère. Or le modèle, la clé, d'Albertine, chacun le sait, est un homme : l'objet de son grand amour, Proust le rêve ici en femme en le voyant en homme. Cachez ce sexe que je ne saurais voir. Quant à l'organe féminin, qu'on ne voit pas, il est abrité par les deux valves d'un coquillage, dont on a depuis longtemps remarqué qu'il ressemblait à la madeleine. C'est aussi, par un agrandissement symbolique, un effet de miroir, celui qui porte Aphrodite dans le tableau d'un des peintres favoris de Proust, *La Naissance de Vénus*, de Botticelli.

Que signifie ici l'image de la statue ? Une de ces statues chères à Freud ? ou plutôt le désir d'immobiliser pour toujours une image sans danger, intouchable ou plutôt impénétrable, celle d'une femme ou d'un homme rêvé en femme, une image maternelle ? Dans le marbre le désir reste congelé, il est, comme dit René Char, « l'amour réalisé du désir demeuré désir ». Le marbre, cher aussi à Cocteau dans *Le Sang d'un poète*, à Carné dans *Les Visiteurs du soir,* est la pierre de la mort.

Ayant décrit le corps d'Albertine, le Narrateur s'écrie, dans une exclamation lyrique comme il n'y en a aucune autre dans la *Recherche* : « Ô grandes attitudes de l'homme et de la femme. » Dans cette page au caractère biblique, la lecture que l'on peut faire de l'acte sexuel est celle d'une tentative avortée ; ce que la création a séparé « cherche à se joindre » : chercher, ce mot si cher à Proust, le mot par excellence de la recherche, n'est pas trouver. Le couple ne fait pas un, de même que dans la possession sexuelle, dit encore Proust, on ne possède rien. Dans *Sodome et Gomorrhe I*, on lisait déjà le thème des deux moitiés humaines cherchant à se réunir, pour reformer « l'hermaphrodite initial ». Tantôt Proust se réfère à la Bible, tantôt à la Grèce, aux deux modèles culturels de l'Europe, à son double héritage, tout comme Freud. Deux moitiés humaines, à égalité. Proust se garde de reconnaître en l'homme l'agresseur de la femme, ni même la passivité de celle-ci, contrairement à Freud, pour qui la distinction entre l'actif et le passif l'emporte finalement sur le masculin opposé au féminin.

À la suite de cette tentative, pas de description de l'acte sexuel. Une ellipse. Albertine parle en remettant sa chemise.

Le plaisir féminin

Le Narrateur ne décrit jamais son propre plaisir, une fois l'enfance et le stade onaniste passés, sauf par allusions vagues à ce qu'il avait lui-même ressenti et «qu'il appelait plaisir». Mais il observe celui de Charlus et de Jupien. Et, Albertine enfuie, il aurait voulu savoir «quel plaisir particulier cela lui représentait», ce qui se passait à ce moment-là en elle, les sensations que nous ne sommes pas capables de donner à la femme aimée et que lui procurent des êtres différents de nous. Poussé par la jalousie, il mène très loin l'enquête sur le plaisir de l'autre, jusqu'à provoquer de véritables expériences cliniques. Le plaisir féminin est décrit lors de l'enquête d'Aimé sur Albertine, à propos de sa relation avec une petite blanchisseuse. Le maître d'hôtel Aimé, que le Narrateur a envoyé enquêter en Touraine, découvre une petite blanchisseuse qui a eu des relations avec Albertine, et couche avec elle afin d'apprécier ses caresses : «Et elle m'a dit : Si vous aviez vu comme elle frétillait, cette demoiselle, elle me disait :

Ah! tu me mets aux anges!» Le héros l'imagine alors la cuisse recourbée comme un col de cygne, qui «cherche la bouche» d'une autre jeune fille : c'est le thème plastique et pictural de Léda, «qu'on voit dans toute la palpitation spécifique du plaisir féminin». On comprend en tout cas que Proust ne sous-estime nullement le plaisir féminin, ne le juge pas inférieur à celui de l'homme, et ne fonde pas, contrairement à Freud, une psychologie des sexes sur les différences anatomiques (notamment dans l'article de 1925, «Quelques conséquences psychiques de la différence anatomique entre les sexes»). Il n'a pas écrit : «L'anatomie, c'est le destin.» On se demandera si l'homosexualité est le refus de ce destin-là.

Le héros, tout à sa quête, va jusqu'à suggérer (en vain : Aimé a eu plus de succès avec la blanchisseuse) à Andrée de mimer devant lui avec des amies d'Albertine ce qu'elle faisait avec elle. Ayant espéré voir le plaisir d'Albertine, il va ensuite l'entendre. Il emmène dans une maison de passe deux petites blanchisseuses (étrange fantasme proustien, que celui de ces blanchisseuses qu'il s'agit plutôt de noircir). «Sous les caresses de l'une, l'autre commença tout d'un coup à faire entendre ce dont je ne pus distinguer d'abord ce que c'était», des bruits analogues à l'expression de la souffrance et qui pourtant signifient le plaisir, un plaisir «bien fort pour bouleverser à ce point l'être qui le ressentait et tirer de lui ce langage inconnu qui semble désigner et commenter toutes les phases du drame délicieux que vivait la petite femme». Mais les yeux ne pénètrent pas ce qui se passe dans «le mystère intime de chaque créature». L'effort, quasiment de laboratoire, pour reconstituer le plaisir de la femme aimée ne mène à rien. On ne connaît jamais le plaisir de l'autre (c'est un thème que Malraux reprend dans *La Condition humaine*), on ne peut en donner que des reflets, un miroir visuel ou sonore, traduit en mots, les derniers mots de l'art du romancier.

Si le Narrateur ne pénètre pas le plaisir d'Albertine, malgré ses efforts d'enquête et de reconstitution, à propos de Dora, Peter Gay note que Freud est incapable de se représenter la rencontre érotique du point de vue de la femme. Tout comme Proust, qui a besoin d'entendre, au hasard d'une cloison rue Laurent-Pichat, dans l'appartement que Réjane lui a prêté, les sons émis par un couple d'amoureux, pour pouvoir les reconstituer deux fois, à propos de Charlus et de Jupien, et des deux blanchisseuses amies d'Albertine, sons qu'il illustre et dénigre à la fois. Et Albertine figure à elle toute seule ce continent noir dont a parlé Freud, la femme dont il ne sait ce qu'elle veut.

Raymonde Coudert montre Proust s'acharnant contre les (jeunes) femmes, tout le monde de Gomorrhe, Andrée, la blanchisseuse. J'ajouterais :

mais non contre les figures maternelles ou près de l'être (Odette, Oriane). Est-ce de l'acharnement? Un des fantasmes proustiens les plus insistants, selon R. Coudert, est de désirer et de jouir en femme, d'être une femme avec une femme. Entre la Lesbos parfumée de Baudelaire et une Gomorrhe infernale, un terrible puzzle (seconde occurrence du mot chez Proust, chez qui le mot renvoie toujours à la sexualité). Éprouvant sans doute en lui une bisexualité profonde, se sentant parfois comme Charlus ou comme Vautrin être une femme, il pouvait à la fois se réjouir de l'être, et se prendre en haine, en retrouvant en lui toute l'ambiguïté de la figure maternelle.

C'est cependant aller un peu vite que de prêter à Proust la même jalousie qu'à son héros, ou le même objet de jalousie. Proust, lui, était jaloux des jeunes gens : il a logé chez lui Maria, la compagne d'Agostinelli, sans éprouver à son égard la moindre hostilité. Si le Narrateur avait été jaloux d'amis masculins d'Albertine, Proust n'avait qu'à puiser dans ses propres expériences. Par une remarquable trouvaille de romancier, en faisant d'elle une lesbienne, il a découvert, en inversant les sexes, un merveilleux gisement pour l'imagination. Loin de refléter exactement sa propre vie, il la déployait dans l'imaginaire comme tout inventeur de fiction.

Pouvait-il pourtant être aidé dans ce travail par ses fantasmes secrets? Aucun biographe, aucun érudit n'a trouvé de clé pour Mlle Vinteuil et son amie, alors qu'on en a tant découvert pour d'autres personnages ! À supposer même que Proust se soit dépeint en Mlle Vinteuil, cousine des jeunes filles coupables des *Plaisirs et les Jours*, il n'a nullement veillé à la publication des œuvres, d'ailleurs nombreuses, de son père, ni à celles inexistantes de sa mère, à moins qu'il ne faille prendre pour telles les deux traductions de Ruskin, démesurément grossies ensuite par l'imagination. À moins encore que *Contre Sainte-Beuve*, « conversation avec Maman » (et à ce titre ancêtre des recueils d'entretiens qui fleurissent de nos jours) ne puisse être considérée comme œuvre maternelle, comme le livre inachevable qui lui aurait rendu vie et voix, qui aurait ranimé le couple éternellement amoureux de la mère et du petit enfant.

CHAPITRE XI

Homosexualité

La description par Freud de l'homosexualité s'applique-t-elle à Proust ? À Marcel Proust sans doute, et on ne s'est pas fait faute de pratiquer l'exercice. Si on se rapporte au texte d'*À la recherche du temps perdu*, les choses sont moins simples. Il y est peu question de la genèse de cette orientation, et beaucoup de la manière dont se comportent les personnages à l'âge où ils sont parvenus, de leur situation psychologique et sociale. Nous ne savons rien, par exemple, de l'enfance et de l'adolescence de Charlus, de Morel, du prince de Guermantes, de Saint-Loup (l'affection réciproque qui l'unit à sa mère, Mme de Marsantes, est toutefois soulignée), de Jupien. Une précieuse remarque, qui ne relève pas d'une étude de genèse, mais indique ce qu'a vécu Proust : « Personne ne sait d'abord qu'il est inverti. » Le collégien ne se rend pas compte que, si le sentiment est le même, « l'objet diffère ». Proust, dans l'ouverture de *Sodome et Gomorrhe*, se réfugie pourtant dans le mythe pour parler de l'origine, celui de l'androgyne primitif dont les moitiés cherchent à se rejoindre.

Dans *Sodome et Gomorrhe I*, à la faveur de la rencontre accidentelle entre deux homosexuels, Charlus et Jupien, Proust peint une vaste fresque de ce qu'il nomme, comme Freud, l'inversion. Il se réfère, comme Freud encore dans *Au-delà du principe de plaisir*, à la légende de l'hermaphrodisme initial, mythe ou légende, telle qu'elle figure par exemple dans *Le Banquet* de Platon. «Par là les invertis, écrit Proust, qui se rattachent volontiers à l'antique Orient ou à l'âge d'or de la Grèce, remonteraient plus haut encore, à ces époques d'essai (...), à cet hermaphroditisme initial dont quelques rudiments d'organes mâles dans l'anatomie de la femme et d'organes femelles dans l'anatomie de l'homme semblent conserver la trace.» Quant à l'argument antique et à l'apologie socratique, Proust, qui les faisait siens dans *Avant la nuit*, les réfute pourtant ici. Il n'y avait pas de minoritaires au temps de Socrate, de même que chez les Juifs, au temps du Christ, tout le monde était juif.

Pour Freud et Proust, l'homosexualité procède en effet de la constitution bisexuelle commune à tous. Et, même si, dans son essai de 1905 Freud classe l'inversion (inversion, homosexualité : nous employons les deux mots utilisés par Freud et Proust) parmi les perversions, il abolit en fait toute frontière entre le normal et le pervers, entre la sexualité de l'adulte et la prétendue sexualité innocente de l'enfant.

Lorsque Freud commence le premier des *Trois Essais sur la théorie sexuelle* par traiter de l'inversion, il s'appuie déjà sur une large bibliographie à laquelle il n'ajoute rien. Après avoir rappelé le mythe de l'androgyne originel, comme Proust le fera dans *Sodome I*, ces deux moitiés, l'homme et la femme, qui tendent depuis leur séparation à s'unir par l'amour, il affirme qu'on est fort étonné d'apprendre qu'il y a des hommes pour qui l'objet sexuel est un homme, et des femmes pour qui il est une femme. «On appelle les individus de cette espèce : homosexuels, ou mieux invertis, et le phénomène : inversion.» Ce sont les termes même employés par Proust. Freud distingue les invertis absolus, ceux qui ont pour objet l'un ou l'autre sexe et les invertis occasionnels. Les uns considèrent leur orientation comme normale, d'autres l'éprouvent «comme une compulsion morbide». Freud reprend encore plusieurs distinctions énoncées par d'autres, suivant l'apparition et la durée de l'inversion, sa constance ou sa disparition. Il réfute ensuite l'idée que l'inversion est un phénomène de dégénérescence ou congénitale. Il critique également la théorie de l'hermaphrodisme physique ou psychologique et part de l'idée selon laquelle «l'inverti, tout comme la femme, est attiré par les qualités viriles du corps et de l'esprit masculins. Il se sent femme et recherche l'homme». C'est ce que Proust dira de Charlus. Freud souligne que nombre d'invertis « recherchent dans l'objet sexuel des caractères psychiques de féminité », d'où le goût des Grecs anciens pour les adolescents, dont ils se détournaient quand ils étaient devenus hommes. Chez la femme, les « invertis actifs » ont des caractères masculins et recherchent la féminité. Ce problème, que Proust n'aborde que par l'exemple et les personnages de fiction, est ici éliminé en quelques lignes (mais Freud y est revenu, on l'a vu, dans ses articles sur la féminité).

De même qu'il est revenu sur la genèse psychologique de l'inversion, liée au complexe d'Œdipe, dans son *Souvenir d'enfance de Léonard de Vinci*. On retrouve aussi l'homosexualité (refoulée) dans la psychanalyse du président Schreber (1842-1911), pendant au *Léonard* et faite à partir des *Mémoires d'un névropathe* (1903) du magistrat. On la retrouve encore dans la biographie du président Wilson, écrite par William Bullitt en collaboration avec Freud, et notamment dans une page coupée par le diplomate américain, sur le Christ et l'homosexualité. Bullitt montre que Wilson se considère comme le Christ sauveur du monde. Or c'est l'identification passive et totale de Jésus à son père qui retient l'attention de Freud. Dans l'identification du chrétien au Christ s'accomplit ensuite la réconciliation de deux désirs contradictoires, celui d'être passif et féminin, celui d'être actif et masculin comme le père. C'est en se soumettant à son père que Jésus devient Dieu, en qui Freud voit le comble de la masculinité. Le succès de la religion chrétienne peut être interprété par la réconciliation entre la masculinité et la féminité, dans une personne à la fois entièrement active et totalement passive. Il va jusqu'à supposer que c'est pour cette raison que le christianisme a rapidement rendu inutile l'expression publique de l'homosexualité et entraîné son interdiction : on n'en avait plus besoin.

Dans son essai sur Vinci, Freud caractérise d'abord le stade préliminaire du développement homosexuel : « Chez tous nos homosexuels masculins il y eut dans la première enfance, oublié plus tard par le sujet, un lien très intense à une personnalité féminine, généralement à la mère, suscité ou favorisé par un surcroît de tendresse de la mère elle-même et renforcé plus tard, dans la vie de l'enfant, par un passage du père à l'arrière-plan. »
Au second stade : « Le garçon refoule l'amour pour la mère, en se mettant lui-même à la place de celle-ci, en s'identifiant à elle et en prenant sa propre personne pour le modèle à la ressemblance duquel il choisira ses nouveaux objets d'amour. Il est ainsi devenu homosexuel ; à vrai dire il y a eu glissement et il est ainsi retourné à l'auto-érotisme, étant donné que les garçons que l'adolescent aime désormais ne sont que des personnes substitutives et des renou-

vellements de sa propre personne enfantine qu'il aime comme sa mère l'a aimé enfant. » « Il trouve ses objets d'amour sur la voie du narcissisme, puisque la légende grecque nomme Narcisse un éphèbe à qui rien ne plaisait tant que sa propre image en miroir et qui devint par sa métamorphose la belle fleur du même nom. » Proust pourrait dire que s'il a appelé le deuxième épisode de la *Recherche* comme on sait, c'est que les jeunes garçons devenus jeunes filles étaient autant de narcisses devenus fleurs.

Peut-être Freud ne comprend-il si bien, ou ne définit-il si subtilement et si fermement le développement homosexuel, que parce qu'il l'a aussi éprouvé, non seulement chez ses patients, mais en lui-même, comme Proust. « Rien ne peut pour moi remplacer les contacts avec un ami, écrit-il à Fliess en 1900, c'est un besoin qui répond à quelque chose en moi, peut-être à quelque chose de féminin. » On a souligné ce que sa passion à l'égard de Fliess, le destinataire de ces lettres prodigieuses qui retracent l'invention de la psychanalyse, pouvait avoir d'homo-érotique et la résurgence périodique de tendances homosexuelles latentes (« La femme n'a jamais remplacé le compagnon, l'ami »). C'est à partir de sa recherche sur Vinci que Freud s'est délivré de son investissement homosexuel à l'égard de Fliess. C'est ce qu'il écrit à Ferenczi en 1910 : « Depuis l'affaire Fliess que j'ai dû récemment m'occuper de liquider, (…) le besoin en question n'existe plus pour moi. Une partie de l'investissement homosexuel a disparu et je m'en suis servi pour élargir mon propre moi. J'ai réussi là où le paranoïaque échoue.» Réussi? Pas complètement, comme le prouvent certains symptômes qu'on aurait jadis qualifiés d'hystériques, et surtout les syncopes face à Jung, auxquelles Peter Gay associe la probable reviviscence de souhaits de mort de Freud à l'égard de son petit frère, Julius, mort quand Sigmund avait deux ans. Freud a réinvesti ses tendances homosexuelles sur Adler puis sur Jung : «Vous avez absolument raison, écrit-il à Jones, de supposer que j'ai transféré sur Jung des sentiments homosexuels provenant d'ailleurs.» On ne trouve aucun aveu semblable sous la plume de Proust, mais il transfère de même ses sentiments de Reynaldo Hahn à Lucien Daudet, Antoine Bibesco, Bertrand de Fénelon et bien d'autres.

Bien avant *Sodome et Gomorrhe*, dans une nouvelle parue en 1893 dans *La Revue blanche*, «Avant la nuit», Proust prêtait à une femme ses propres opinions sur l'homosexualité : « Il n'y a pas de hiérarchie entre les amours stériles et il n'est pas moins moral – ou plutôt pas plus immoral – qu'une femme trouve du plaisir avec une autre femme plutôt qu'avec un être d'un autre sexe. La cause de cet amour est dans une altération nerveuse qui l'est trop exclusivement pour comporter un contenu moral. On ne peut pas dire que parce que la plupart des gens voient les objets qualifiés rouges, rouges, que ceux qui les voient violets se trompent. » Très tôt, Proust exonère l'homosexualité de tout jugement, de toute condamnation par la morale, allant ainsi courageusement contre l'opinion dominante (et parfois la législation) de son époque. Une altération nerveuse ? Le docteur du Boulbon dira justement à la grand-mère du Narrateur que « les nerveux sont le sel de la terre ». Mais *Sodome I* parle, peut-être par image, de « maladie inguérissable », de « vice, ou ce qu'on nomme improprement ainsi ». Cette notion de vice est toute relative : pour l'inverti, « le vice commence (…) quand il prend son plaisir avec des femmes ». Et même, il représente « un admirable effort inconscient de la nature ». « La reconnaissance du sexe par lui-même » est un effort pour rejoindre ce qu'une « erreur initiale de la société a placé loin de lui ».

Quant à Charlus, c'est une femme dans un corps d'homme : « J'avais pu trouver que M. de Charlus avait l'air d'une femme : c'en était une ! » : c'est pourquoi il n'aime que les jeunes gens à l'allure virile, « justement parce que son tempérament est féminin », non les homosexuels, qui ne sont qu'un pis-aller. Il est donc condamné à aimer qui ne l'aime pas et finalement à se ruiner pour des hommes comme le violoniste Morel ; « leur désir serait à jamais inassouvissable si l'argent ne leur livrait de vrais hommes, et si l'imagination ne finissait par leur faire prendre pour de vrais hommes les invertis à qui ils se sont prostitués ». D'autre part, Proust, se comparant en termes balzaciens à « un herborisateur humain », à un « botaniste moral », entre dans des distinctions entre « sous-variétés » étrangères à Freud : les hommes qui ne sont attirés, comme Jupien, que par les hommes beaucoup plus âgés qu'eux. Il y a ceux qui méprisent les femmes, « le caractère exceptionnel de leur penchant les faisant se croire supérieurs à elles ». À l'intérieur des sous-catégories, il y a encore divers genres de « conjonctions » : il suffit à Charlus de tenir certains êtres sous la domination de sa parole, « pour que son désir, allumé dans quelque rencontre, fût apaisé », ou bien « l'assouvissement avait lieu grâce à une violente semonce ». Nul besoin ici de relation physique, tout se passe par le discours hystérique ; M. de Charlus, « de dominé devenu dominateur », se sent à la fin de son numéro « purgé de son inquiétude ».

Outre le mécanisme du désir, d'un homme (en réalité femme) pour un autre, ce qui intéresse Proust, c'est la situation sociale des homosexuels, « la malédiction », la condamnation qui pèse sur eux, « la conspiration des forces sociales unanimes », comme dit une esquisse, qui menace ces « fils sans mère », ces amis sans amitiés, ces amants presque sans amour, leur ascension sociale, leur apparence extérieure. Ces « êtres d'exception » sont d'ailleurs « une foule ».

C'est un problème que Freud n'aborde pas. En revanche à aucun moment Proust ne se montre conscient que des relations spéciales avec son père et sa mère aient pu être à l'origine de ses tendances, qu'il limite à son propre cas. Ce qu'on sait de la biographie de Proust est pourtant l'illustration parfaite d'*Un souvenir d'enfance de Léonard de Vinci*, ou même du premier des *Essais sur la théorie sexuelle*.

Un autre point abordé également par Freud et par Proust, c'est la sublimation. Freud n'écrit-il pas, dans une remarque destinée à la biographie du président Wilson, qu'alors que les hommes, soumis à un principe exclusivement masculin se seraient depuis longtemps tous entre-tués, c'est l'homosexualité, moins dans sa forme manifeste que dans sa sublimation, qui assure la continuation du genre humain et peut-être un jour son unification dans une grande fraternité? Proust montre la sublimation chez l'individu : « Une grande ambition politique, dit une esquisse destinée au *Contre Sainte-Beuve*, une vocation religieuse, une œuvre artistique à accomplir peuvent pendant quelque temps, souvent des années, détourner l'esprit des images voluptueuses qui poussaient l'homosexuel à la recherche des plaisirs quotidiens », dont Proust note d'ailleurs qu'ils peuvent parfaitement coexister avec « un amour chaste ». Dans sa défense de l'homosexualité, on entendra aussi cette affirmation : « Il n'est pas indifférent qu'un individu puisse rencontrer le seul plaisir qu'il soit susceptible de goûter. »

CHAPITRE XII

Amour

Le mot amour, on le trouve d'abord dans la correspondance de Freud, dans les lettres à sa fiancée. Il éprouve pour celle-ci un amour romantique, passionné, jaloux : « Si cette fois encore je ne vous ai pas parlé d'amour, n'y voyez que le signe de ma certitude de vous posséder », lui écrit-il en août 1883. Il est convaincu que sa fiancée et lui appartiennent à cette catégorie de personnes qui ne peuvent aimer qu'une fois. Faisant l'ascension d'une tour de Notre-Dame de Paris en 1885, il écrit à Martha : « On gravit trois cents marches ; on est dans l'obscurité la plus profonde, la solitude la plus totale ; si tu avais été avec moi, à chaque pas je t'aurais embrassée et tu serais arrivée en haut tout essoufflée et ébouriffée ! » À sa femme, Freud, autant qu'on sache, a toujours été fidèle. Proust était capable de cette intensité, non de la même constance, lui qui dit un jour à l'un de ses amis très intimes, Lucien Daudet : « Avec moi, cela ne dure que dix-huit mois. » D'un côté une seule femme et beaucoup de livres, de l'autre, un seul livre principal et beaucoup d'amants.

L'amour se confond-il avec la vie sexuelle ? « Nous parlons d'amour quand nous voulons mettre au premier plan l'aspect psychique des aspirations sexuelles et repousser, ou oublier pour un moment les exigences pulsionnelles corporelles ou "sensuelles" qui en sont le fondement. » C'est le refoulement qui, chez l'enfant en tout cas, dérobe « à son savoir la connaissance d'une partie de ses buts sexuels ». Tout se passe comme si parler d'amour, c'était déjà refouler la sexualité. L'histoire littéraire (et les éditeurs, les libraires) distingue soigneusement, jusqu'au XXe siècle en tout cas, les romans d'amour et les romans érotiques, libertins ou même pornographiques. Proust, lorsqu'il propose *Du côté de chez Swann* à des éditeurs, craint qu'on ne le lui refuse non à cause de son style, de son originalité, mais à cause de « l'extrême indécence » de certaines pages. Il n'invente pas la *libido*, mais il la montre.

C'est en effet ce mot qui remplace souvent « le mot amour », celui même qu'a décrit Nathalie Sarraute dans un beau texte de *L'Usage de la parole* : « Depuis quelque temps déjà autour d'eux le mot rôde, guettant le moment, qui ne peut tarder... et en effet le voici... ce qui pouvait se contenter de se réfugier dans la grisaille protectrice des paroles les plus ternes, les plus effacées, est devenu si dense, intense, cela exige une place à soi, toute la place dans un

Amour

vaste mot solide, puissant, éclatant... /Et le mot est là, tout prêt, le mot "amour", ouvert, béant... ce qui flottait partout, tourbillonnait de plus en plus fort s'y engouffre, se condense aussitôt, l'emplit entièrement, se fond, se confond avec lui, inséparable de lui, ils ne font qu'un. »
Freud définit la libido en ces termes : « Nous appelons ainsi l'énergie (...) de ces pulsions qui ont à faire avec tout ce que l'on peut comprendre sous le nom d'amour » (« Psychologie des masses et analyse du moi », 1921). L'ennui, c'est que de *libido* on ne peut, ni en latin ni en français, dériver aucun mot (sauf « libidinal » et le fâcheux « libidineux », que la bonne littérature réservait en général aux vieillards). Et *Éros*? le grec au lieu du latin ? Certes, Freud l'emploie pour replacer les pulsions sexuelles, les pulsions de vie, dans la tradition philosophique. Dans la dernière théorie des pulsions, il rassemble toutes les pulsions de vie ; la libido caractérisant leur énergie, leur aspect économique. Mais le mot Éros ne doit pas être un masque hypocrite : « Ceux qui considèrent la sexualité comme quelque chose qui fait honte à la nature humaine et qui la rabaisse sont bien libres de choisir les termes plus distingués d'Éros et d'érotique. » De cette hypocrisie, Proust n'a pas voulu non plus. Dans sa peinture de l'amour il défait le tissu traditionnel. Proust comme Freud dépouillent l'amour de son aspect romantique. L'histoire de la personne aimée est celle d'une perte progressive de

ses qualités, jusqu'à ce qu'elle soit « sans mystère et sans beauté ». Le seul véritable objet d'amour, pour les deux auteurs, est la mère.

Au-delà de *La Prisonnière*, où le Narrateur prétend ne plus aimer Albertine, il ne décrit plus d'amour vivant : *Albertine disparue* est l'histoire d'un deuil. *Le Temps retrouvé* ne présente plus aucune situation amoureuse (ce qui ne veut pas dire que le désir en soit absent) : c'est la guerre, la maison de passe de Jupien, le grand retour du refoulé par la mémoire involontaire (qui n'apporte d'amour que maternel), la sublimation par l'art. Le mot « sexuel » n'est nullement banni par Proust, qui l'emploie à propos de désirs, le plus souvent, mais aussi de « tares », de perversions (l'ambassadrice de Turquie sait tout ce qui concerne la perversion sexuelle chez les oiseaux) ou, dans le cas de Charlus, d'étrangeté, qui lui donne d'abord du prestige aux yeux du clan Verdurin à Balbec.

Il arrive cependant à Freud, bien après ses fiançailles, d'employer le mot amour dans sa correspondance : « Chez moi aussi j'ai trouvé le sentiment amoureux pour la mère et la jalousie envers le père », écrit-il à Fliess, en octobre 1897. Et encore, à Pfister en 1911 : « Adler s'est créé un système universel sans l'amour, et je suis sur le point d'exécuter contre lui la vengeance de la déesse Libido offensée. » Le roman de Proust met aussi la libido en son centre, il a créé un système universel avec l'amour et n'a pas offensé la libido : ce qu'il a offensé, c'est la déesse de l'amour telle qu'elle figure dans le roman sentimental, la « mauvaise musique », la peinture pour boîtes de chocolat.

Proust a toujours donné à la sexualité la première place, ce dont témoignent dans *Les Plaisirs et les Jours* ses nouvelles, comme la « Confession d'une jeune fille », et, dans sa correspondance, ses lettres de lycée à Jacques Bizet et à Daniel Halévy. Nous connaissons des lettres d'amour de Freud à sa fiancée. Aucune, directe, de Proust, même à Reynaldo Hahn, même à Lucien Daudet (il est vrai que certaines d'entre elles se trouvent encore dans une collection privée). Sauf une allusion à Agostinelli, dans une lettre de l'été 1914 à Reynaldo Hahn : « Je l'adorais. » Faut-il alors évoquer les lettres à sa mère ou à ses amis ? Mais des lettres de jalousie, oui, il y en a.

Il ne s'agit jamais chez Proust d'amour parfaitement normal. Freud définit un « comportement amoureux parfaitement normal » comme la réunion de deux courants, « le courant tendre et le courant sensuel ». Mais pour certains, « là où ils aiment, ils ne désirent pas et là où ils désirent, ils ne peuvent aimer ». C'est ce que montre l'analyse de « L'Homme aux loups ». Freud présente plus tard, dans « État amoureux et hypnose », une analyse complète des différents aspects de ce qu'on appelle amour, c'est-à-dire « des relations affectives très variées ». La littérature a peint ces deux aspects : l'homme voue « un culte chimérique à des femmes qui ne lui inspirent aucun sentiment amoureux », et il ne se sent excité que par d'autres femmes qu'il n'aime pas. Dans la majorité des cas, ces deux aspects arrivent à être synthétisés. Freud se livre au passage à une critique impitoyable de l'« idéalisation » : c'est sous l'influence du plaisir sensuel qu'on attribue à l'objet d'amour des qualités spirituelles. En fait, on satisfait son propre narcissisme en projetant sur l'autre son propre idéal du moi. Et, dans l'amour partagé, « chaque satisfaction sexuelle est suivie d'une diminution du degré d'idéalisation qu'on accorde à l'objet ». Ainsi la tendresse existe-t-elle au début de l'amour de Swann pour Odette, du Narrateur pour Albertine ; on comprend pourquoi elle disparaît vite.

Enfin, dans *Malaise dans la civilisation*, après avoir exposé comment l'amour pouvait constituer une des techniques du bonheur, il en montre les limites, d'une manière qui ressemble aux conclusions de *La Prisonnière* et d'*Albertine disparue* : « Jamais nous ne sommes davantage privés de protection contre la souffrance que lorsque nous aimons, jamais nous ne sommes davantage dans le malheur et dans le sentiment d'impuissance que lorsque nous avons perdu l'objet aimé ou son amour. »

Amour

Il faut admirer chez Proust qu'il ait pu peindre l'amour d'un homme pour une femme, au point même que Gide lui reproche, de vive voix et dans son *Journal*, d'avoir réservé à cet amour toutes les qualités de beauté dont il privait l'amour entre hommes. D'autant qu'à aucun moment Odette Swann n'apparaît comme un homme transformé, ni la duchesse de Guermantes un temps aimée (de loin) par le Narrateur. Chez Albertine, quelques traits laissent une trace de métamorphose, son «cou puissant», l'expression «se faire casser…». Tout se passe comme si Proust s'était, le temps de la création romanesque, fait hétérosexuel, comme s'il entrait dans cette catégorie qu'il a lui-même décrite des invertis qui cessent de l'être. L'imagination a permis à Proust de prendre pour de vraies femmes les hommes qu'il désirait (au moins dans le cas des jeunes filles en fleurs). Ou, plus exactement, il s'est servi de l'apparence des femmes qu'il fréquentait et dont il se sentait plus proche encore qu'elles ne le croyaient, pour abriter l'objet masculin de ses désirs. Inversant le cri du Narrateur à la vue d'un Charlus féminin, face à ses modèles transfigurés par l'invention, il aurait pu dire : «C'en était un!» À moins qu'il n'ait eu besoin d'une autre transformation, se rêvant en Odette aimée de Swann ou en Albertine aimée du Narrateur, ce qui coïnciderait avec ce que nous savons de sa théorie de l'homosexualité, selon laquelle l'inverti est une femme qui se veut aimée d'un homme, et Proust, Charlus.

Mais cette hypothèse se heurte à une objection : certains des propos qu'il prête à Swann amoureux, Proust les a tenus par écrit à Reynaldo Hahn ou à Albert Nahmias et ceux qu'il attribue à Albertine, c'est Agostinelli qui les lui a adressés, dans la lettre que Proust reproduit dans *Albertine disparue* et dont la véracité est attestée par la réponse de Marcel. Tout se passe d'autre part comme si Proust avait oublié, dans *Sodome I*, de parler des homosexuels qui voient dans l'homme aimé une jeune fille.

Proust voyait et surtout écoutait ses modèles comme Freud ses patients. Nombreux sont les témoignages de duchesses ou de maîtres d'hôtel qu'il interrogeait sans relâche, ou qu'il écoutait en apparence passivement. C'est ainsi qu'il donnait à ses contemporains l'impression de tout savoir sur tout le monde. Comme disait René Gimpel dans son journal, c'était le plus grand détective de la littérature. Il aurait pu ajouter : depuis Balzac. C'est dire qu'il était capable de décrire sans s'identifier, d'imaginer sans être. Seul le résultat scientifique, dans un cas, et littéraire, dans l'autre, compte.

CHAPITRE XIII

Jalousie

Proust a publié dans la revue *Les Œuvres libres* en novembre 1921 un texte de cent pages, présenté comme « roman », et qui est en réalité un extrait du deuxième chapitre de *Sodome et Gomorrhe II*. Il est intitulé « Jalousie ». Il n'avait pas attendu la fin de son œuvre pour traiter ce thème, présent dès *Un amour de Swann*, et étroitement mêlé à tout son roman, au point d'en constituer une véritable obsession : ce n'est pas un roman d'amour, mais un roman de la jalousie, et, comme dans *La Princesse de Clèves*, on en meurt.

Swann est jaloux d'Odette (et de Forcheville). Le Narrateur est jaloux de sa propre mère quand elle reçoit Swann, de Gilberte. Saint-Loup est jaloux de Rachel et en rêve, Charlus est jaloux de Morel et songe au meurtre. Le Narrateur est jaloux d'Albertine. Dans *Le Temps retrouvé*, le duc de Guermantes, devenu son amant, est jaloux d'Odette. Six épisodes de jalousie se font écho l'un à l'autre, *La Prisonnière* et *Albertine disparue* contiennent le paroxysme de cette maladie, de cette « lamentable et contradictoire excroissance de l'amour ».

On a envie de prêter au fondateur de la psychanalyse toutes les vertus, sans aucune névrose, un équilibre parfait, la tranquillité de l'âme selon Sénèque. On a vu, au contraire, avec une satisfaction rassurée, que Freud se montre jaloux pendant ses fiançailles comme en témoignent ses lettres à Martha Bernays, sa fiancée (peut-être le sera-t-il aussi de ses découvertes, comme tout créateur). « J'ai certainement une tendance à la tyrannie », déclare-t-il. Tantôt un cousin, tantôt deux artistes excitent son inquiétude. Il voudrait aussi la faire rompre avec sa famille : « Quand j'aime, je suis très exclusif », confesse-t-il. Dans une lettre du 19 juin 1882, il raconte à Martha qu'il tire de son petit coffret le portrait de sa fiancée, qu'il n'ose pas exposer comme les « dieux lares pendus au-dessus de son bureau » pour le contempler (Proust avait la même passion pour les photographies ; Brassaï l'a relevé dans un beau livre), dans une véritable cérémonie rituelle : « J'ose à peine avouer combien de fois, durant ces vingt-quatre heures, je l'ai sortie de la boîte, toutes portes fermées, pour rafraîchir mon souvenir. » Il est alors obsédé par une histoire qu'il a lue quelque part, celle « d'un homme qui, partout où il allait, emportait sa bien-aimée enfermée dans une petite boîte ». Il se souvient soudain qu'il s'agit du conte «La nouvelle Mélusine», qu'il situe dans *Les Années d'apprentissage de W. Meister* (à tort, cette légende se trouve au chapitre VI des *Années de voyage de W. Meister*). «Est-ce donc un si grand malheur, demande l'héroïne à son amant, de posséder une femme qui devient naine de temps en temps, de sorte qu'on peut la transporter dans une cassette?» Celui-ci répond : «Que les amants seraient heureux s'ils pouvaient posséder de pareilles miniatures!» Miniaturiser pour enfermer, faire rentrer dans un sein maternel qui serait à soi-même, dans une sorte de complexe de Jonas, tel est le rêve du jaloux. Dans «La nouvelle Mélusine», Freud lit encore bien d'autres détails concernant les relations entre sa fiancée et lui, qui touchent sans doute de près à la jalousie et à la violation des interdits. Il n'ose les lui communiquer, car, dit-il avec une légère condescendance, ils n'ont pas encore le même sens de l'humour.

Ce conte éveille un écho lointain. Où avons-nous déjà lu une histoire semblable? Ne serait-ce pas chez Proust, encore une fois? Vous souvenez-vous de l'homme qui croyait avoir la princesse de la Chine enfermée dans une bouteille, auquel le Narrateur se compare, lui qui voulait retenir Albertine, la prisonnière? Proust s'inspire, sans le nommer, d'une aventure arrivée à Mérimée : sa maîtresse l'abandonne, il déclare dans une lettre qu'il avait cru avoir la princesse de la Chine enfermée dans une bouteille. Cette aventure, Proust ne l'a pas lue directement, mais racontée par Anatole France dans un article de *La Vie littéraire* vers 1888. Il le cite d'abord dans son roman par lettres de jeunesse, bien avant de vivre cette expérience ; il en a été si marqué, ce fantasme rencontrait en lui un écho si profond, que, presque trente ans plus tard, il utilise cette image, cette légende, cette aventure à deux reprises, dans *Le Côté de Guermantes* et dans *La Prisonnière*. Le Narrateur sera privé d'Albertine, sa prisonnière enfuie et bientôt morte, Marcel Proust, privé de son prisonnier Agostinelli, enfui et bientôt mort, pour les laisser terrassés. Sous l'usure des mots et des titres, nous retrouvons le même archétype venu d'un fonds légendaire. Il incarne un fantasme : celui de se préserver de la jalousie en gardant l'être aimé miniaturisé et enfermé, dans une bouteille, dans une petite boîte. Un fantasme mortel.

Bien après l'expérience de ses fiançailles, dans un article de 1922, c'est-à-dire l'année même où paraît *Sodome et Gomorrhe II*, Freud considère la jalousie « normale » comme nécessaire, comme un deuil, comme une douleur causée par l'objet perdu et comme une blessure narcissique. Elle entraîne de l'hostilité à l'égard du rival et une autocritique, si le moi se rend responsable de la perte de l'amour de l'autre. On distinguera trois sortes de jalousie, normale, « projetée », délirante. Toute jalousie, même

Jalousie 131

normale, est à rattacher à l'inconscient, à l'affectivité infantile et à ses premiers mouvements, au complexe d'Œdipe.

La deuxième sorte de jalousie, par projection, où le jaloux, tenté lui-même de tromper sa compagne, lui prête ses propres désirs, n'est pas clairement représentée dans *À la recherche du temps perdu*, où il s'agit d'amours exclusives. La troisième sorte de jalousie, qui se porte sur l'autre homme (Freud ici ne parle pas de la jalousie d'une femme à l'égard d'une autre femme, et pourtant…) ou jalousie délirante, se teinte d'homosexualité. Elle semblerait convenir au schéma proustien. Et pourtant, justement parce que Proust est homosexuel, il ne montre jamais ses héros amoureux d'un amant de leur compagne, ni Swann, ni le Narrateur, ni même Charlus. Au cœur de la jalousie décrite par Proust, il n'y a pas la volonté d'aimer un autre homme, mais le désir de savoir, celui de traquer un secret. C'est pourquoi Swann interroge d'anciens domestiques d'Odette alors qu'il ne l'aime plus, ou que le Narrateur envoie Aimé, le maître d'hôtel de Balbec, sur les traces d'Albertine, comme Proust lui-même a envoyé Albert Nahmias sur les traces d'Agostinelli disparu.

Freud souligne donc la relation de la jalousie avec l'enfance et le complexe d'Œdipe (et d'ailleurs aussi le « complexe fraternel », auquel nous reviendrons dans le chapitre suivant). Or Proust lui-même établit le rapport entre l'amour pour une femme et l'amour pour la mère, avec sa compagne, la jalousie. La mère, à Combray, reste avec ses invités sans aller voir son fils. Proust évoque alors « la fête inconcevable, infernale, au sein de laquelle nous croyons que des tourbillons ennemis, pervers et délicieux, entraînent loin de nous, la faisant rire de nous, celle que nous aimons ! ». Cette image violente d'une souffrance infernale, qui insiste sur l'imaginaire (« nous croyons ») montre bien que la jalousie à l'égard de la mère est la mère de toutes les jalousies futures. Il y a, nous dit Proust, un archétype de la femme qui rend jaloux, qui trompe, c'est, pour Swann, le fantôme ancien et collectif de « la femme qui excitait sa jalousie », ce fantôme qui préexiste à toutes les femmes en qui il se réincarne et dont nous savons le vrai nom. Le Narrateur, après avoir évoqué l'apaisement du baiser maternel qu'il éprouvait auprès d'Albertine, ressent l'angoisse des soirées où sa mère lui « disait à peine bonsoir » ou ne montait même pas le voir. Cette angoisse, devine-t-il, préexiste à l'amour : c'est qu'elle est l'amour même. Du reste, le Narrateur aurait souhaité garder Albertine auprès de son lit « à la fois comme une maîtresse, comme une sœur, comme une fille, comme une mère aussi ». L'aveu vient à la fin, mais l'apaisement est devenu impossible.

La mère excite la jalousie. On a suggéré que l'enfant en colère contre celle-ci invente deux femmes infidèles, Odette et Albertine, préservant ainsi l'image maternelle en accablant les autres femmes. On objectera que ces deux femmes, personnages de roman comme la mère ou la grand-mère, sont infidèles au Narrateur. Et c'est Proust, le romancier, qui invente Odette et Albertine. Est-ce pour triompher de ses fantasmes ou poussé par son inconscient ?

Nous retrouvons alors Proust dans un article de Freud, « Un type particulier de choix d'objet chez l'homme » et particulièrement dans ce qui nous est dit de la condition du « tiers lésé ». Si elle convient à Swann et à Saint-Loup, elle s'adapte encore mieux à Proust lui-même. « Elle exige que le sujet ne choisisse jamais comme objet d'amour une femme qui soit encore libre, autrement dit une jeune fille ou une femme seule, mais exclusivement une femme sur laquelle un autre homme : mari, fiancé ou ami peut faire valoir des droits de propriété. » Une deuxième condition n'est pas moins intéressante : seule la femme qui a mauvaise réputation quant à sa vie sexuelle exerce l'attrait qui en fait l'objet de l'amour (Odette est une cocotte, Rachel une prostituée). C'est, selon les termes de Freud, « l'amour de la putain ». On comprend alors que pour les amants de ce type la jalousie soit un besoin : « C'est seulement lorsqu'ils peuvent être jaloux que leur passion culmine. » Elle ne se manifeste pas contre « le possesseur légitime de la femme aimée », mais contre des nouveaux venus. C'est ainsi que Proust a logé chez lui la compagnie de l'homme qu'il aimait, Agostinelli, sans en être jaloux, qu'il a témoigné la plus grande amitié à la fiancée de son ami de jeunesse, Gaston de Caillavet, à la maîtresse de Louis d'Albuféra, l'actrice Louisa de Mornand (un modèle de Rachel), à celle de Paul Morand, la princesse Soutzo. Le triangle amoureux est une constante de la vie de Proust. Or justement, Freud constate que « de telles passions se répètent plusieurs fois » et constituent parfois une longue série. Proust, dans sa vie et dans son œuvre, explore exactement la même voie que Freud.

Un amant de ce type a tendance à sauver la femme aimée, à l'accueillir chez lui, à ne plus vouloir la quitter, à l'éduquer, à lui proposer des contrats, comme Swann avec Odette ou Proust avec les chauffeurs de taxi ou les serveurs du Ritz. La psychanalyse permet de proposer une explication à ce comportement. Rappelons l'analyse de Freud. La mère appartient au père (qui est le tiers lésé). La mère est irremplaçable, unique, on n'a qu'une seule mère. Les objets d'amour sont une série, parce qu'ils sont des substituts maternels. La série est infinie à la recherche de la satisfaction, comme celle des jeunes gens dans la vie de Marcel Proust, et celle des jeunes filles dans celle de son héros. On se souviendra qu'un été, à Balbec, décrit dans *Sodome et Gomorrhe*, « treize jeunes filles » lui donnent leurs « frêles faveurs », sans compter Albertine, « qui fit la quatorzième ».

Jalousie

Le thème de la putain provient de l'adolescence et de la découverte de la vérité sur les rapports sexuels des parents comme sur l'existence des prostituées. La mère se livrant au père s'est conduite comme elles, tel est le fantasme. La mère, infidèle au fils, s'est conduite comme une putain. Le désir se mêle à la soif de vengeance. Ainsi le Narrateur, dans la *Recherche*, rêve à maintes reprises de rencontrer une jeune fille du monde qui, selon Saint-Loup, toujours associé à cette figure, à ce fantôme, va dans les maisons de passe pour se livrer au premier venu. Elle se nomme Mlle de L'Orgeville. Il ne la rencontrera jamais, car ce n'est qu'un fantasme. Chateaubriand non plus ne rencontra jamais la sylphide dont il rêvait. À chacun sa sylphide.

CHAPITRE XIV

Frère

Le lecteur de Proust constate le peu de place que tiennent les relations fraternelles dans *À la recherche du temps perdu*. Le Narrateur n'a pas de frère. Quelques personnages en ont un : le duc de Guermantes et le baron de Charlus, les jumeaux tomates, les fils de Mme de Surgis (dans le premier cas, l'un d'eux est homosexuel, reproduisant ainsi, il est vrai, le modèle des frères Proust ; dans les deux derniers, ils sont les objets du désir homosexuel. Il est intéressant de voir que Proust, en créant ces personnages, les rattache à l'inversion). Pas davantage de sœurs.

Et si l'on considère la vie de Marcel Proust, les relations entre deux frères très différents l'un de l'autre, l'un malade et l'autre sain et sportif, l'un proche de son père dont il épouse la profession, l'autre de sa mère qui n'en a pas, cette proximité s'incarnant dans la ressemblance physique avec les parents, ces relations ont toujours été excellentes. Robert Proust a fait état de l'attitude toujours tendre et maternelle de Marcel à son égard. On en a des témoignages dans les lettres que Marcel écrit pendant la guerre et où il parle de son frère : « Moi qui ai perdu le sommeil depuis que Robert est parti. » Marcel, par exemple, pendant toute la guerre, fait parvenir d'importantes sommes d'argent à la maîtresse de Robert Proust, Mme Fournier, qui ne se montre pas facile à son égard (pas plus que Mme Robert Proust, lorsqu'elle découvre la liaison de son mari et le rôle de son beau-frère : « Robert pendant la seconde où elle est sortie, écrit Marcel à Mme Fournier, m'a dit presque à l'oreille que sa femme avait tout appris de ce qui vous concernait lui et vous. J'ignore d'ailleurs, ajoute poliment et peut-être ironiquement Marcel, quel est le "tout" et comment elle a pu l'apprendre ») comme en témoigne une correspondance récemment passée en vente et dont des extraits sont parus dans le *Bulletin d'informations proustiennes* en 2011. Ainsi Marcel paraît-il s'être développé normalement en assumant une attitude paternelle à l'égard de son frère, qui devient son substitut et occupe sa place.

Pour Freud, il n'en est pas de même. Il a avoué à Fliess ses sentiments de jalousie à l'égard de son frère Julius et son souhait de le voir disparaître, éprouvés vers un an et revécus : « J'avais salué la venue de mon frère plus jeune d'un an (mort à quelques mois) avec de mauvais souhaits et une véritable jalousie d'enfant et sa mort a laissé en moi le germe de reproches. » Il ne s'attarde pas sur le réveil de ce souvenir cruel, qui se cache cependant dans les rêves de mort. Plus tard, Freud parlera le premier de « complexe fraternel ».

Ces mêmes sentiments, Freud les a relevés et étudiés chez Goethe, à partir d'une page, anodine en apparence, de *Fiction et Vérité*. On sait que ce dernier jetait par la fenêtre de la vaisselle comme pour se débarrasser symboliquement de son frère cadet. Celui-ci mort, le petit Goethe retrouve équilibre et joie. « Quand on a été sans contredit l'enfant de prédilection de sa mère, conclut Freud, on garde pour la vie ce sentiment conquérant, cette assurance du succès qui, en réalité, rarement reste sans l'amener. Et Goethe aurait pu, avec raison, mettre en épigraphe à l'histoire de sa vie une réflexion de ce genre : ma force a eu sa source dans mes rapports à ma mère. » Un sentiment résolument optimiste, et même triomphal, efface en apparence le sentiment de culpabilité, la rivalité auprès de la mère, la crainte de l'abandon.

Ce caractère assuré, on le trouve chez Proust l'aîné dans l'assurance avec laquelle il mène son ascension mondaine, en s'introduisant peu à peu dans les salons les plus fermés de Paris (dont il tient la chronique dans *Le Figaro* et *Le Gaulois*), dans la manière aussi dont il s'attache les amitiés les plus diverses et les plus solides : des dizaines d'hommes et de femmes se sont liés à lui, ont laissé leurs souvenirs, des livres entiers parfois. Peu de personnes ont résisté à son charme et à sa volonté de fer. Enfin et surtout, ce caractère d'enfant aîné et aimé de sa mère se voit dans les relations qu'il entretient avec son œuvre. Malgré les nombreux refus qu'essuient ses manuscrits ou leur simple résumé, il ne se décourage jamais, ne doute jamais. Les articles incompréhensifs ou ironiques ne l'émeuvent pas davantage. La confiance en son propre génie ne l'a jamais abandonné. C'est ce qui lui permet de harceler son éditeur définitif, Gaston Gallimard, beaucoup plus qu'il ne l'avait fait avec Bernard Grasset.

Mais tout cela n'est-il pas trop beau ? N'y a-t-il pas chez Proust un complexe fraternel (étudié par J.-B. Pontalis dans son *Frère du précédent*), soit que nous n'en connaissions pas les marques, faute de souvenirs d'enfance des deux frères, soit qu'elles aient été soigneusement refoulées, comme le frère lui-même, évacué d'*À la recherche du temps perdu* ? Ce livre est en effet aussi un roman familial : « Une variante intéressante de ce roman familial, écrit Freud, est celle où le héros, auteur de la fiction, tout en éliminant de cette manière les autres frères et sœurs comme illégitimes, fait retour, quant à lui, à la légitimité. » Comme Freud parlant peu de Julius, et supprimant de son *Moïse et le monothéisme* Aaron, frère de celui-ci, qui n'intervient qu'une fois, d'ailleurs présenté sans conviction, comme « celui qui est appelé son frère », pour seconder la parole difficile du héros ?

Certains l'ont cru, qui ont attribué la première crise d'asthme de Marcel, à neuf ans, à l'entrée de son frère dans l'âge de raison. Milton Miller, auteur de la première étude psychanalytique complète de Proust en 1956, fonde largement son analyse sur le traumatisme reçu à la naissance du frère. Il a d'autre part relevé que Proust avait introduit dans son roman des figures fraternelles et d'abord Robert de Saint-Loup, qui reprend Henri de Réveillon dans *Jean Santeuil*. Proust s'est-il alors souvenu que sa mère l'appelait «Mon petit Loup»? Cependant, Saint-Loup, à part l'affection pour le Narrateur, n'a aucun des traits de Robert Proust dans la vie, et son personnage est comme dégradé à la fin du roman : devenu homosexuel, il fréquente la maison de passe de Jupien et y laisse tomber sa croix de guerre. Marcel, qui s'est d'abord inspiré de son ami Bertrand de Fénelon pour le caractère de son personnage, a changé de modèle et a représenté Robert d'Humières, mort au combat comme Saint-Loup, mais non comme Robert Proust.

Nommer ces deux hommes mène à comprendre que ces figures fraternelles ont un caractère ambigu, que ce sont des objets d'amour maternel. Leur présence s'éclaire à la lumière d'un des derniers écrits de Freud, la biographie du président W. Wilson, écrite en collaboration avec William Bullitt, ancien collaborateur de l'homme politique et ambassadeur. L'intéressant est que ce portrait établit un lien entre le complexe fraternel et l'homosexualité latente, qui éclaire d'un jour nouveau la biographie de Proust. Wilson avait un frère cadet qui est son rival dans l'affection maternelle. «Plus tard, Wilson eut toujours besoin d'entretenir des rapports affectueux avec un homme plus jeune (…). Dans ces amitiés, Wilson jouait clairement le rôle de son propre père et son ami le représentait lui-même, dans sa jeunesse.» Mais un sentiment d'hostilité, de trahison, peut accompagner ces sentiments affectueux. Cette fois, Proust a pu les transférer sur ces figures fraternelles que sont Reynaldo Hahn, Lucien Daudet, Bertrand de Fénelon, Agostinelli. Proust, comme Wilson, «rejoue constamment son drame enfantin» et provoque le désastre. En donnant le jour à un frère, les parents ont trahi le fils aîné. Ce reproche d'abandon, il le reporte sur les amis qui prennent la place de son frère : ne sont-ils pas en train de répéter, de rejouer la trahison initiale?

CHAPITRE XV

Actes manqués

Un bel exemple de double acte manqué se trouve dans une lettre que Marcel Proust écrit à seize ans à son grand-père. Il lui réclame treize francs : « Voici pourquoi. J'avais si besoin de voir une femme pour cesser mes mauvaises habitudes de masturbation que papa m'a donné 10 francs pour aller au bordel. Mais 1° dans mon émotion j'ai cassé un vase de nuit, 3 francs 2° dans cette émotion je n'ai pas pu baiser. Me voilà donc comme devant attendant à chaque heure davantage 10 francs pour me vider et en plus ces 3 francs de vase. » Le jeune Marcel n'a pas encore le courage et la résolution, que souhaite Freud, d'interpréter « les petites actions manquées dans le commerce des humains entre eux comme des signes prémonitoires et de les exploiter comme indices des intentions qu'ils gardent encore secrètes ».

Proust n'introduit pas son frère Robert dans son roman. S'agit-il d'un acte manqué ? S'il avait pu prévoir toutes les remarques que les critiques feraient à ce sujet, aurait-il eu des regrets? En fait, Proust ne supprime pas son frère, il ne donne simplement pas de frère imaginaire à son héros narrateur imaginaire. Les grands romanciers n'agissent-ils pas de même? Où sont les frères de Balzac, de Flaubert, la sœur de Stendhal?

Ces détails de la création, ces actes manqués, ces lapsus, Freud en a montré l'importance et Proust en a fait l'étude. «Il est arrivé à plusieurs reprises qu'un poète se serve du lapsus linguae ou d'un autre acte manqué comme moyen de la représentation poétique. Ce fait suffit à nous montrer à lui seul qu'il tient l'acte manqué, le lapsus linguae par exemple, pour quelque chose de sensé, car il le produit, n'est-ce pas, intentionnellement.» Freud donne des exemples empruntés à Schiller, Lichtenberg et, comme il fait souvent, à Shakespeare. «Intentionnellement»: c'est-à-dire que c'est le personnage qui commet un lapsus, non l'auteur, qui le charge consciemment de sens. Au moins en principe, comme nous le verrons à propos de Proust et de «la chambre 43».

Avant de traiter spécifiquement des lapsus, Freud a souligné l'importance des menus faits pour comprendre la vie psychologique. La matière des observations psychanalytiques «est habituellement constituée par ces incidents inapparents qui sont mis au rancart par les autres sciences comme étant trop infimes, en quelque sorte le rebut du monde phénoménal.» Or des choses très importantes se trahissent «par des indices d'intensité très faibles». On ne saurait mieux définir la méthode de Proust : les menus faits font le romancier réaliste, ou celui qui reste à la surface du récit ; leur interprétation, le grand romancier.

Le lapsus est le résultat de l'interférence et du heurt entre deux intentions différentes, deux forces antagonistes du discours, une action perturbée, qui est apparente, et une action perturbante, qui est cachée et elle-même déjà perturbée. Son étude s'impose, que Proust aussi va mettre dans son roman : «Cela qu'on n'avait pas aperçu jusqu'ici et qui vient précisément de s'adjoindre est capital.» Le problème est celui de l'interprétation sur indices, dans l'absence d'aveu du locuteur. Nous prendrons nos repères «dans la situation psychique dans laquelle l'acte manqué survient, dans la connaissance que nous avons de la personne qui commet l'action manquée et des impressions qui ont frappé cette personne avant l'acte manqué et auxquelles il est possible qu'elle réagisse par ce même acte manqué». La confirmation de l'interprétation est apportée par la situation psychique.

Si nous nous reportons à un des plus étonnants lapsus recréés par Proust, dans *La Prisonnière*, nous pouvons lui appliquer la méthode de Freud. Proust, il est vrai, a fait la plus grande partie du chemin, en attribuant ce lapsus à la situation anormale de la jeune femme nue à côté du Narrateur (dont on ne connaît pas la réaction) face à Françoise, à l'émotion,

Actes manqués

au hasard : « Je me souviens qu'une fois Albertine, comme Françoise, que nous n'avions pas entendue, entrait au moment où mon amie était toute nue contre moi, dit malgré elle, voulant me prévenir : "Tiens, voilà la belle Françoise." Françoise, qui n'y voyait pas très clair et ne faisait que traverser la pièce assez loin de nous, ne se fût sans doute aperçue de rien. Mais les mots si anormaux de "belle Françoise", qu'Albertine n'avait jamais prononcés de sa vie, montrèrent d'eux-mêmes leur origine ; elle les sentit cueillis au hasard par l'émotion, n'eut pas besoin de regarder rien pour comprendre tout et s'en alla en murmurant dans son patois le mot de "poutana". »

L'incertitude de l'interprétation porte sur le seul adjectif « belle », puisque la vieille servante Françoise ne l'est pas. Albertine projette-t-elle, par une tendance perturbatrice ayant à voir avec l'acte sexuel, sa propre beauté sur la laideur de l'intruse ? S'agirait-il du lapsus inversé signalé par Freud : elle est laide et devient belle sous le choc, parce qu'elle inverse, comme en rêve, les mots attendus ? Se souvient-elle de la chanson : *C'est la belle Françoise, Longué, C'est la belle Françoise Qui va se marier* ? Celle-ci, en tout cas, comprend tout sans même regarder le couple.

Ce n'est pas le seul lapsus analysé par Proust, d'autant que le ton peut à lui seul être révélateur : la voix rageuse et vulgaire que prend soudain Legrandin « nullement en rapport rationnel avec ce qu'il disait, en avait un autre plus immédiat avec quelque chose qu'il éprouvait. (…) Et tout d'un coup, c'est en nous une bête immonde et inconnue qui se fait entendre », aveu d'un défaut ou d'un vice analogue à « l'aveu soudain indirectement et bizarrement proféré par un criminel ne pouvant s'empêcher de confesser un meurtre dont vous ne le saviez pas coupable ». (Ici, on ne peut s'empêcher de penser à Dostoïevski).

Par la suite, Proust va encore plus loin dans l'exploration des profondeurs de l'inconscient et du refoulement : deux Russes hésitent à entrer dans la maison de passe de Jupien, et l'un d'eux répète « après tout on s'en fiche ! ». « C'était, ce *après tout on s'en fiche*, un exemplaire entre mille de ce magnifique langage, si différent de celui que nous parlons d'habitude, et où l'émotion fait dévier ce que nous voulions dire et épanouir à la place une phrase tout autre, émergée d'un lac inconnu où vivent des expressions sans rapport avec la pensée, et qui par cela même la révèlent. » Ce lac inconnu est une magnifique image de l'inconscient, qui communique avec toutes les eaux de la *Recherche*, depuis la Vivonne jusqu'à la mer à Balbec.

Le lapsus n'est pas dicté seulement par la sexualité : « Une autre fois, bien plus tard, quand Bloch devenu père de famille eut marié une de ses filles à un catholique, un monsieur mal élevé dit à celle-ci qu'il croyait avoir entendu dire qu'elle était fille d'un juif et lui en demanda le nom. La jeune femme, qui avait été Mlle Bloch depuis sa naissance, répondit en prononçant Bloch à l'allemande, comme eût fait le duc de Guermantes, c'est-à-dire en prononçant le ch non pas comme un c ou un k mais avec le rh germanique. » Mlle Bloch s'assimile ainsi l'antisémitisme de l'interlocuteur.

Pour les deux auteurs, tout est dans l'interprétation du langage. Revenant sur celui-ci, Freud écrit, dans *Sigmund Freud présenté par lui-même* : le Verbe « est un instrument de puissance, le moyen par lequel nous communiquons aux autres nos sentiments, le chemin par lequel nous acquérons de l'influence sur les autres hommes. Des paroles peuvent faire un bien qu'on ne peut dire ou causer de terribles blessures ». Tout l'art du romancier est fondé sur le verbe : « J'en étais arrivé, dit le Narrateur, à ne plus attacher (...) d'importance qu'aux témoignages qui ne sont pas une expression rationnelle et analytique de la vérité : les paroles elles-mêmes ne me renseignaient qu'à la condition d'être interprétées à la façon d'un afflux de sang à la figure d'une personne qui se trouble, à la façon encore d'un silence subit. » Des idées que l'interlocuteur n'exprime pas peuvent être extraites de ses propos « par telles méthodes d'analyse ou d'électrolyse appropriées ». Ainsi, lorsqu'Albertine s'écrie que, plutôt que d'avoir affaire aux Verdurin, elle préfère avoir un soir libre « pour aller se faire casser... Aussitôt sa figure s'empourpra » et elle déclare ne pas savoir d'où lui sont venus ces mots orduriers dont elle ignore le sens. Albertine trahit ainsi des habitudes sodomites, à moins que, par inadvertance, Proust, employant un lexique masculin, n'ait oublié qu'il ne s'agissait plus d'Agostinelli. À propos des symptômes ou du vocabulaire scientifique, on n'a jamais été plus proche que dans *La Prisonnière* de la *Psychopathologie de la vie quotidienne*, dont les analyses sont reprises quinze ans plus tard dans les *Conférences d'introduction à la psychanalyse* (d'abord connues en français sous un titre abrégé aux derniers mots).

L'étude d'autres actes manqués est également menée par les deux hommes, par exemple celle de l'oubli du nom propre et sa quête désespérée, que Proust décrit de manière clinique en trois pages de *Sodome et Gomorrhe* sans en préciser les causes. Il décrit le processus de recherche, non la raison de l'oubli, qui est le refoulement. Il faut dire que l'oubli du nom (fictif) de Mme d'Arpajon, apparue lors d'une soirée mondaine, peut difficilement être rattaché à l'inconscient du Narrateur. Les plus habiles des commentateurs ne s'y sont pas risqués. La raison la plus plausible en serait que le héros ne tenait nullement à voir cette dame. Freud nous invite à chercher les causes de ces actes manqués, en construisant, par exemple, autour de l'oubli du nom de Signorelli, de véritables nouvelles policières.

Actes manqués

Proust fonde encore un tournant important du deuil et de l'oubli d'Albertine sur un lapsus de lecture. Un télégramme lu comme étant signé d'Albertine et non de Gilberte (le lapsus est autorisé par la syllabe commune) fait croire au Narrateur qu'Albertine n'est pas morte. Un dernier sursaut de l'obsession qui le dominait jusqu'alors le force à constater que son amour pour elle n'existe plus, que le deuil est fini, que l'oubli a fait son œuvre et qu'elle est bien morte. L'erreur de lecture est attribuée par le romancier à l'employé du télégraphe ; peu importe en fait, le Narrateur aurait pu la commettre : « Combien de lettres lit dans un mot une personne distraite et surtout prévenue, qui part de l'idée que la lettre est d'une certaine personne ? combien de mots dans une phrase ? On devine en lisant, on crée ; tout part d'une erreur initiale. » Freud le dit également : « On remplace le mot qui est à lire par un autre, sans qu'il soit nécessaire qu'il y ait une relation de contenu entre le texte et l'effet du lapsus, ordinairement en s'appuyant sur une similitude de mot. »

Un autre lapsus, qui est bien du Narrateur, a fait l'objet de commentaires approfondis. C'est celui de la chambre 43. Nous sommes à Paris, pendant la guerre de 14, dans la maison de passe de Jupien. Le Narrateur observe, depuis la chambre 43, par un soupirail, Charlus en train de se faire attacher et fouetter dans la chambre 14 *bis*. Mais un peu plus loin, par un lapsus qui y place le lit de Charlus, c'est dans la chambre 43 que la scène s'est déroulée. Mario Lavagetto en déduit qu'il s'agit d'une rupture du pacte romanesque : au lieu que tout soit observé de loin par le Narrateur, celui-ci se trouve dans l'action ou la passion, dans la chambre maudite : il avoue donc qu'il est homosexuel et, pourquoi pas, sadomasochiste. Et sans doute Proust avec lui.

Antoine Compagon est longuement revenu sur cette question du Narrateur trahissant son homosexualité. Pour lui, le lapsus n'est pas attribuable au Narrateur mais à Proust, qui aurait d'ailleurs pu le corriger sur épreuves, s'il n'était mort auparavant. N'oublions pas, d'ailleurs, qu'il n'est pas un auteur réaliste : comment peut-on observer la chambre 14 *bis* depuis la chambre 43 ? Sinon de l'autre côté d'une cour, qui n'est pas mentionnée dans le texte. La démonstration de Lavagetto s'effondre.

Cette querelle cache, ou révèle, un reproche souvent fait à Proust à la suite de Gide. Pourquoi le Narrateur n'est-il pas homosexuel ? Et l'on traque les indices qui peuvent montrer qu'il l'est, comme ce lapsus de la chambre 43. Autant lui reprocher de n'être pas juif, ou pas vraiment asthmatique, ou de n'avoir pas un père médecin. Pour le frère, on a vu ce qu'il en était.

Tout s'éclaire à nos yeux si, au lieu de partir du texte, d'un soi-disant « contrat » entre l'auteur et le lecteur, on part de la biographie. Il y a longtemps, c'était en 1971, que nous avons tenté de montrer que Proust construisait un monde artistique, donc fabriqué, imaginaire, avec une subtilité de moyens digne de Henry James. Il n'y a pas d'imaginaire sans distance avec la vie, avec l'autobiographie. Proust homosexuel conçoit un héros qui ne l'est pas, ce qui, pour lui, est beaucoup plus amusant que se raconter soi-même. Se fonder sur ce qu'on sait de l'auteur pour découvrir un lapsus dans son roman, c'est partir d'une montagne pour trouver une souris. Mieux vaut constater qu'il nous fait entrer, comme Freud, dans cette région qu'il mentionne dans sa correspondance « où seuls les plus grands génies peuvent nous faire pénétrer et d'où sont également absents la complaisance et le ressentiment ».

Un autre lapsus est commis par Proust à la fin de sa vie, lorsqu'il reçoit une sorte de choc à la communication d'une reproduction du tableau de Tissot, *Le Cercle de la rue Royale*. Il place alors dans *La Prisonnière* une invocation très inhabituelle au « cher Charles Swann », qui se trouve, dit-il, dans le tableau entre Saint-Maurice et Galliffet. Or, si on regarde le tableau, qui se trouve désormais au musée d'Orsay, on s'aperçoit que ce n'est pas Charles Haas, resté au contraire à l'entrée du balcon, comme exclu, qui est situé entre ces deux hommes, mais le prince Edmond de Polignac. Proust lui a voué une admiration éperdue, dont témoigne une chronique de 1903 : « C'était un aimable prince, un grand esprit et un puissant musicien. » Le feu spirituel qui l'habitait avait sculpté son visage à l'image de sa pensée. En 1918 encore, c'est à lui que Proust aurait dédié *À l'ombre des jeunes filles en fleurs*, sans le refus de la princesse, effarouchée du rapprochement entre ce titre, son mari et les habitudes qu'on lui, qu'on leur, prêtait. On peut supposer que Proust a inconsciemment substitué à Charles Haas un autre homme, qu'il avait aimé et qui, de plus, comme dans le roman familial des névrosés, avait une grande qualité : il était prince.

CHAPITRE XVI

Esprit, humour

> On sait qu'en plaisantant, on peut tout dire, même la vérité.
> S. FREUD

Le mot d'esprit est un lapsus réussi, pense Freud. D'où le rapport avec l'inconscient. Freud et Proust ont encore en commun le goût pour le rire, l'esprit, l'humour. Le premier, on l'a vu, indique à sa fiancée qu'ils n'ont pas encore « le même humour ». Il rit comme un fou en lisant *Don Quichotte* (1883), faisant preuve d'une « maussaderie gaie » qui le pousse à « mal employer son temps ». Tenait-il, lui-même, cet humour de ses parents ? de son groupe social ? On imagine aussi que Marcel Proust avait hérité l'humour de sa mère et de ses grands-parents, plutôt que l'esprit carabin de son père et ses histoires d'internat, qu'il connaît d'ailleurs et moque à travers le personnage du docteur Cottard. Jusqu'à la fin de sa vie, un de ses plus grands plaisirs sera de lire à ses amis, dont Jean Cocteau, qui a superbement évoqué dans *Opium* le rire de Proust lisant et se barbouillant le visage de son rire en l'étouffant avec ses mains, des pages comiques de son œuvre.

Ils se sont fait chacun une culture comique (qui meurt quand on ne l'entretient pas) en recueillant un ensemble d'histoires drôles, souvent juives, ou de mots d'esprit qui avaient cours dans les salons et au théâtre parisiens à la fin du XIXe siècle, l'esprit Meilhac et Halévy. Proust le retrouve chez une Halévy, Mme Straus, à laquelle il emprunte plusieurs « mots » pour la duchesse de Guermantes, et dans les pièces de ses amis, Robert de Flers et Gaston de Caillavet («J'aimerais mieux l'avoir dans mon lit que le tonnerre », « vieille plaisanterie » ou proverbe dont s'empare Cottard chez les Verdurin, se trouve dans leur pièce *Miquette et sa mère*).

L'esprit, l'humour : on peut avoir le premier sans le second. Le mot d'esprit apparaît de manière discontinue, éclate à l'intérieur du discours en instants isolés. L'humour est une attitude continue. Tous deux sont des phénomènes de langage, c'est-à-dire exactement l'objet de l'analyse freudienne et de la reconstruction proustienne. Ils sont le signe, discontinu dans l'un, continu dans l'autre, d'une distance à l'égard des mots qui viennent des autres, et de la vie. Mais on ne prend de distance à l'égard de la vie que si elle nous fait souffrir. Proust ne révélera jamais directement la cause de ce malaise profond dont il s'efforce de triompher par les mots. Ce prodigieux auteur comique s'est contenté de nous faire rire. C'est grâce à Freud que nous trouverons la réponse. La dernière phrase du *Mot d'esprit et sa relation à l'inconscient* n'aurait-elle pas pu être écrite par Proust, pensée et forme, jusque dans son rythme ternaire terminal ? Dans son étude plus tardive sur l'humour, c'est un peu avant la fin qu'apparaît une belle formule littéraire, fruit d'une longue expérience, sur l'humour qui « tient au moi effarouché un discours si plein de sollicitude consolatrice ».

Le mot d'esprit

Freud a toujours collectionné les histoires drôles, les mots d'esprit, notamment dans sa correspondance avec Fliess, puisque même les rêves ont de l'esprit. Il perçoit la possibilité d'un rapport entre les mots d'esprit et l'inconscient. Il consacre alors plusieurs années à approfondir le problème, à trouver un sens à son absurdité apparente. Pour se justifier de traiter un sujet qui semble si futile, il avance que toute acquisition psychologique, si lointaine qu'elle puisse paraître, aide à faire progresser d'autres domaines de la psychanalyse. Une autre justification à une étude qu'on serait tenté d'accuser de futilité, c'est que le mot d'esprit joue un grand rôle dans la société.

On y retrouve aussi le thème du plaisir, parce que la valeur psychologique du mot d'esprit réside dans le plaisir qu'il procure. Comme tout plaisir, il ramène l'adulte aux jeux de son enfance. « Lorsque l'enfant apprend le vocabulaire de sa langue maternelle, écrit Freud, il se plaît à expérimenter ce patrimoine de façon ludique. Il accouple les mots sans souci de leur sens, pour jouir du plaisir du rythme et de la rime. » Plus tard, il cherche à s'affranchir des interdits, à défigurer les mots ou les phrases. Il s'y prête, à ces jeux, « en pleine conscience de leur absurdité et pour le seul attrait du fruit défendu par la raison. » Il emploie le jeu pour secouer le joug de la raison critique. Il y a un plaisir du « non-sens libéré ».

Toutes les productions verbales qui relèvent du comique « obéissent au principe de plaisir ». La technique de ces jeux ressemble à celle de l'élaboration du rêve. Le mot d'esprit élabore un matériel inconscient et infantile. Comme le rêve, il transforme des idées en images, condense et déplace ses éléments.

Alors que le rêve est asocial, l'esprit « est la plus sociale des activités psychiques visant à un bénéfice de plaisir ». Il doit d'ailleurs être compréhensible : l'auditeur sera capable d'en redresser les effets. Mais, alors que le rêve demeure un désir, l'esprit est un développement du jeu.

De même que Freud, dans son essai, collectionne les anecdotes, les mots d'esprit, de même Proust

Esprit, humour

dans son roman, particulièrement dans ses parties les plus sociales : *Un amour de Swann*, *Le Côté de Guermantes*. Il y a d'ailleurs une hiérarchie des mots : les mots vulgaires, faciles, de Cottard, ses calembours, que Freud lui-même décrit comme la forme la plus vulgaire de mots d'esprit, les lourdes plaisanteries de Brichot et l'esprit raffiné de Swann et de la duchesse de Guermantes : « Les mots d'Oriane. » On sait que Proust mettait dans la bouche de ses personnages les mots qu'il avait entendus et qui se colportaient dans les salons de son temps. Ils seraient oubliés s'il ne les avait recueillis, exactement comme ceux que note Freud dans *Le Mot d'esprit dans sa relation avec l'inconscient*.

Le plaisir enfantin décrit par Freud dans le comique de mots se retrouve chez Proust, qui, tel Bergson qui l'a également dépeint, vivait à la dernière grande époque de ce comique verbal, celui d'Alphonse Allais, de Georges Feydeau, de Sacha Guitry, plus tard d'Anouilh et de Giraudoux. Aujourd'hui, le mot d'esprit a disparu de la vie mondaine et de la vie sociale : de qui colporterait-on encore les mots, comme on le faisait de ceux de Wilde, de Montesquiou, d'Aimery de La Rochefoucauld, de Boni de Castellane, de Mme Straus ? Le mot ne peut exister que grâce à une tierce personne, un destinataire, qui soit en accord avec la première sur le plan psychique et partage, ou exclue, les mêmes inhibitions. Oriane de Guermantes, dans un salon étranger, a besoin au minimum de la présence de Swann, qui fait partie de son clan, pour être comprise.

L'esprit d'Oriane, variante de l'esprit Guermantes, est un phénomène collectif : les membres du clan émettent et comprennent le même genre, ou style, de plaisanterie. Il unifie le clan (Guermantes) qui le comprend, aux dépens de ceux qui en sont l'objet et ne le comprennent pas. Le clan s'assure ainsi un plaisir réitéré et complice en se donnant à lui-même un spectacle : « Il n'y a que quand je vous vois que je cesse de m'ennuyer », dit à Swann la princesse des Laumes.

Cet esprit des Guermantes consiste notamment à mettre des guillemets en prononçant tous les mots jugés incongrus, sur tous les lieux communs : on s'en détache en les détachant. Et à faire des mots d'esprit, que Proust rattache à Meilhac et Halévy (nous les connaissons encore grâce à Offenbach, dont ils ont écrit des livrets) en faisant preuve de « l'esprit alerte, dépouillé de lieux communs et de sentiments convenus, qui descend de Mérimée et a trouvé sa dernière expression dans le théâtre de Meilhac et Halévy ». Il se veut unique : « Vous en connaissez donc d'autres qui en aient », demande Oriane en riant. Cet esprit de clan répond à un autre, celui des Mortemart, que Proust a voulu reconstituer, puisque Saint-Simon en parle toujours sans jamais le définir. Freud commente de même les histoires juives, celles du moins qui sont

Esprit, humour

produites par les juifs. Il entre dans la description du rire avec la même finesse que Proust : « Lorsque je fais rire l'autre en lui communiquant mon mot d'esprit, je me sers de lui au fond pour provoquer mon propre rire, et on peut effectivement observer que celui qui, tout d'abord, a raconté le mot d'esprit avec une mine sérieuse, fait ensuite chorus avec l'éclat de rire de l'autre en riant d'un rire modéré. »

Le mot, et l'esprit qui en est la source (le mot allemand *witz* désigne les deux) sont donc une manière de se détacher du monde, de la vulgarité et de l'ennui : la duchesse de Guermantes craint, ou feint, toujours de s'ennuyer. Et finalement c'est une manière de se détacher de soi-même.

Le mécanisme du mot est analogue à celui du rêve, avec condensation, déplacement, renversement. Proust emploie souvent le déplacement dans l'humour : les nouvelles lunettes de Mme Verdurin montrent comment, comme dans le rêve, ce qui était important devient accessoire et ce qui était accessoire occupe une position centrale : « Elles étaient en merveilleux état. Mais derrière elles j'aperçus, minuscule, pâle, convulsif, expirant, un regard lointain placé sous ce puissant appareil, comme, dans les laboratoires trop richement subventionnés pour les besognes qu'on y fait, on place une insignifiante bestiole agonisante sous les appareils les plus perfectionnés. » Plus la phrase s'écarte du sujet traité, comme chez ce personnage qui prononce une phrase avec le ton qu'elle aurait eu en prononçant tel vers de Racine, « vers qui lui était du reste parfaitement inconnu », dans un procédé proche de la métaphore qui a pu paraître d'autant plus poétique que les deux termes en étaient plus éloignés, et plus cet écart devient, dans sa disproportion même, au moment où nous devons le combler, comique. Écart encore accru par la surprise que nous éprouvons à voir Proust au courant des subventions aux laboratoires.

En 1927, cinq ans après que Prout a cessé de faire rire ses amis en leur lisant son roman ou en faisant des imitations dans les salons, Freud publie un article sur l'humour. Il rappelle que dans *Le Mot d'esprit*, plus de vingt ans auparavant, il n'avait traité que de l'économie d'énergie affective qui est à la source de l'humour. On se dégage par une plaisanterie des extériorisations affectives que la situation aurait dû entraîner. Comment l'humoriste arrive-t-il à cette attitude psychique ?

Il avance alors une interprétation très importante. Dans l'humour, le moi refuse de se laisser offenser : les traumatismes venus du monde extérieur ne peuvent l'atteindre et sont même source de plaisir : c'est le triomphe du principe de plaisir. Le surmoi, héritier de l'autorité parentale, traite le moi en enfant. C'est l'autorité paternelle incarnée en nous par le surmoi qui console le moi enfantin de ses malheurs illusoires. Dans l'attitude humoristique, le surmoi grossi fait apparaître le moi comme minuscule et ses intérêts ou ennuis comme futiles. Le principal n'est pas telle plaisanterie, mais « l'intention que l'humour met en acte ». Il veut dire : « Regarde, voilà donc le monde qui paraît si dangereux. Un jeu d'enfant, tout juste bon à faire une plaisanterie ! » Le moi, en somme, se réfugie dans le surmoi pour nier les malheurs arrivés au moi. Un exemple que ni Proust ni Freud ne donnent, celui d'Oscar Wilde à la dernière extrémité, qui trouve encore la force de dire : « Je meurs au-dessus de mes moyens ! »

Le mot d'esprit n'est que le contenu d'un instant et la contribution de l'inconscient au comique, l'humour incarne une attitude permanente devant la vie et la contribution du surmoi au comique. On songe au père de Marguerite Yourcenar lui disant : « Après tout on s'en fout, on n'est pas d'ici. » Voici l'enfance retrouvée à volonté, dit Freud, « un âge où nous ignorions le comique, étions incapables d'esprit et n'avions pas besoin de l'humour pour nous sentir heureux dans la vie ».

CHAPITRE XVII

Deuil

Maladie

On sait de quoi Proust est souffrant. Mais de quoi le Narrateur est-il malade ? Proust lui a donné un certain nombre de symptômes de l'asthme, notamment l'angoisse dans une chambre inconnue, les insomnies dues aux crises nocturnes (jamais décrites, contrairement à celle qui survient dans la nouvelle *L'Indifférent*), les inquiétudes maternelles (mais non paternelles) sur sa santé, les maladies secondaires psychosomatiques, comme celle qui l'empêche d'aller à Florence. Les asthmatiques craignent la séparation d'avec la mère ou son substitut : c'est ainsi que le Narrateur à Venise rejoint, malgré l'attrait des femmes et de la femme de chambre de la baronne Putbus, la mère dans le train.

Le Narrateur souffre en plus d'une maladie à la mode, à laquelle Ribot a consacré un ouvrage, la « maladie de la volonté ». Ce mal figure déjà dans

Les Plaisirs et les Jours. On remarquera qu'un certain nombre de phénomènes nerveux, ou névrotiques, reçoivent, suivant l'époque, la mode, l'école ou le savant, un nom différent : neurasthénie (G.M. Beard, États-Unis, 1869), hystérie (depuis l'Antiquité, et au XIXᵉ siècle Briquet, 1859, Charcot, Richer, A. Binet), psychasthénie (Janet ; le concept figure encore chez Sartre). Les mots *hystérique, neurasthénie, névrose* figurent dans la *Recherche*.

Les syncopes de Freud traduisent aussi la peur de la séparation, de la rupture (avec Jung). Ellenberger, l'historien de la découverte de l'inconscient, a même inventé le concept de « maladie créatrice » chez Freud, qu'il retrouve aussi chez Jung, Fechner et Nietzsche.

En revanche, Freud, contrairement à Proust, et comme s'il était plus important d'être fils de médecin que de l'être soi-même, ne se sent pas du tout médecin. Dans *La Question de l'analyse profane*, Freud s'emploie, après un impressionnant tableau des symptômes névrotiques, à montrer que les médecins sont impuissants à en soigner les causes. Chez Proust, du Boulbon n'arrive pas non plus à guérir le Narrateur, ni sa grand-mère. La maladie de celle-ci la conduit à la mort, une des grandes scènes de la *Recherche*, et mène le héros au deuil.

Deuil

Il est troublant de constater que c'est à un an de distance que Proust d'abord, Freud ensuite, décrivent les différentes étapes du deuil, dans *Albertine disparue* et *Deuil et mélancolie*. Il n'est pas un mot de l'analyse freudienne qui ne s'applique aux différents moments du deuil d'Albertine. Naturellement, l'analyse des sentiments est beaucoup plus fouillée dans le roman, qui fournit un exemple merveilleusement détaillé à la théorie du psychanalyste. Ce qui ne signifie pas que Proust manque d'idées : peu de romanciers, au contraire, ont énoncé autant d'idées, ont écrit autant de phrases abstraites, philosophiques, qui contribuent à la science du comportement.

Rappelons les diverses étapes du deuil selon Freud, dont la réflexion n'est pas étrangère à la guerre (qu'il condamne dans ses buts et ses moyens), comme le montre cet autre grand texte, « Notre attitude à l'égard de la mort ». Le deuil se caractérise par une perte d'intérêt pour le monde extérieur (« dans la mesure où il ne rappelle pas le défunt »), la perte de la capacité d'aimer (ce qui voudrait dire qu'on remplace la personne dont on est en deuil), l'inhibition de toute activité. Le travail du deuil consiste à « retirer la libido des liens qui la retiennent » à l'objet aimé. Dans une attitude névrotique, la personne survivante se reproche la mort de l'autre et cherche à se punir.

« Le conflit dû à l'ambivalence confère au deuil une configuration pathologique et le pousse à se manifester sous une forme d'autoreproches parce que le sujet est responsable, c'est-à-dire qu'il a voulu la perte de l'objet d'amour. » Cette forme de souffrance est narcissique : « Car, comme les morts n'existent plus qu'en nous, lit-on dans *Le Côté de Guermantes*, c'est nous-mêmes que nous frappons sans relâche quand nous nous obstinons à nous souvenir des coups que nous leur avons assenés. »

Le temps, en tout cas, est nécessaire pour que le moi libère sa libido de l'objet perdu. Freud semble alors résumer *Albertine disparue* : « Sur chacun des souvenirs et des situations d'attente qui montrent que la libido est rattachée à l'objet perdu, la réalité prononce son verdict : l'objet n'existe plus. » Le moi normal, décidant de rester en vie, « rompt sa liaison avec l'objet anéanti » et trouve à la fin du travail du deuil une satisfaction narcissique à survivre : il y a un moment où le Narrateur peut enfin s'écrier qu'Albertine est bien morte.

Six semaines après la mort de sa mère, Marcel Proust note dans une lettre à Mme Straus que lorsqu'il sort, c'est rentrer qui est difficile parce qu'il se souvient qu'à chacun de ses retours sa mère l'accueillait, anxieuse pour la santé de son fils. Ce souci le ronge maintenant de remords. « D'ailleurs par moments il me semble que je suis habitué à ce malheur, que je vais reprendre goût à la vie, je me le reproche, et à la même minute une nouvelle douleur s'abat sur moi. Car on n'a pas un chagrin, le regret prend à tout instant une autre forme, à chaque instant suggéré par telle impression identique à une impression d'autrefois. » À Porto-Riche qui vient de perdre son fils, il confie qu'il doit déménager dans des lieux qui n'ont jamais vu sa mère, et « il faudra célébrer le culte en exil ». De nouveau il se reproche d'avoir fait trop de chagrin à sa mère « en étant toujours malade, pour pouvoir penser à elle sans une angoisse et un remords affreux ». À Montesquiou : « Au hasard d'une impression, une nouvelle douleur surgit. » Ces impressions prendront place dans *Sodome et Gomorrhe*, au chapitre des « Intermittences du cœur ». Proust y décrit, après le souvenir involontaire de la mort de la grand-mère qui a frappé le Narrateur comme si son décès venait de se produire, le travail du deuil avec des mots que Freud n'aurait pas désavoués. Il évoque ainsi « l'instinct de conservation, l'ingéniosité de l'intelligence à nous préserver de la douleur commençant déjà, sur des ruines encore fumantes, à poser les premières pierres de son œuvre utile et néfaste ». Les rêves du héros, dont on note qu'il est encore incapable « d'éprouver à nouveau un désir physique », accomplissent aussi ce travail de détachement : sa grand-mère s'y rétablit, mais ses paroles ne sont plus qu'une « réponse affaiblie, docile, presque un simple écho de mes paroles ; elle n'était plus que le reflet de ma propre pensée ».

Cette descente aux enfers, Proust l'a accomplie deux fois ; après la mort de sa mère et neuf ans après, en 1914, à la mort de l'être qu'il dit avoir, avec sa mère, le plus aimé, Alfred Agostinelli. Les lettres qui suivent l'accident d'avion du 30 mai 1914 montrent d'abord l'exaltation de la personne aimée ; « un être extraordinaire, possédant peut-être les dons intellectuels les plus grands que j'ai connus ». Il se sent également responsable de sa mort, puisqu'il lui a donné les moyens d'apprendre l'aviation. Mais lorsqu'il se rend en septembre à Cabourg, d'ailleurs avec un jeune Suédois d'une grande beauté, il note dans une lettre à Reynaldo Hahn que ce voyage a marqué « une première étape de détachement » de son chagrin, qu'il y a eu des heures où Agostinelli a disparu de sa pensée. Après l'avoir idéalisé, il ne se sent plus aucun devoir envers lui, parce que le jeune homme avait « très mal agi » avec Proust. C'est la phase d'agressivité à l'égard du disparu, notée par Freud.

De même que le deuil qui suit, à retardement il est vrai, la mort de la grand-mère transpose celui qui a suivi la fin de Mme Proust, de même *Albertine disparue* romance le deuil qu'entraîne la mort d'Agostinelli. « Pour me consoler, ce n'est pas une, c'est d'innombrables Albertines que j'aurais dû oublier. » Le héros doit donc congédier un par un chacun de ses souvenirs, en souffrant des « douleurs d'amputé ».

L'héroïne est d'abord idéalisée. Le héros au contraire se dévalorise et se sent coupable de sa mort, si bien qu'il ne tient plus à la vie. Il commence à croire, suivant un processus que Freud a noté à propos de l'humanité, à l'immortalité de l'âme. En même temps, des révélations sur le passé de la jeune fille la font apparaître comme infidèle et perverse. Puis, comme une maladie, son chagrin «va mieux»: «L'idée de sa mort avait fini par conquérir en moi la place qu'y occupait récemment encore l'idée de sa vie.» Et c'est à Venise (équivalent romanesque du voyage de Proust à Cabourg) que le héros constate qu'il ne peut pas plus ressusciter Albertine que son moi d'alors.

À peu près à la même époque, dans un texte admirable, *Éphémère destinée*, Freud revient sur le deuil. Il y trouve l'explication du sentiment éprouvé au cours d'une promenade par un «jeune poète», sans doute Rilke. La fugacité des choses les plus belles les dévalorise «par le destin auxquelles elles étaient promises», par leur caractère éphémère: cette beauté est vouée à la disparition. Le jeune poète éprouve alors un «sentiment de dégoût du monde». Contre ce sentiment de deuil, Freud affirme que le caractère éphémère du beau, loin de le dévaloriser, lui donne une valeur accrue. Quand même toutes ces œuvres disparaîtraient, «il reste que la valeur de toutes ces choses belles et parfaites est uniquement déterminée par la signification qu'elles ont pour notre vie sensitive, elle n'a pas besoin de durer plus longtemps que cette dernière et elle est pour cette raison, indépendante de la durée absolue ».

Aucun de ces deux auteurs ne croit vraiment à l'immortalité. Proust affirme qu'en compagnie d'œuvres comme la sonate de Vinteuil la mort a quelque chose de moins probable : « Peut-être est-ce le néant qui est le vrai et tout notre rêve est-il inexistant, mais alors nous sentons qu'il faudra que ces phrases musicales, ces notions qui existent par rapport à lui, ne soient rien non plus. Nous périrons, mais nous avons pour otages ces captives divines qui suivront notre chance. Et la mort avec elles a quelque chose de moins amer, de moins inglorieux, peut-être de moins probable. » Freud analyse « notre attitude face à la mort ». L'homme moderne écarte soigneusement toute pensée de la mort, appauvrissant ainsi sa vie. Il n'accepte de lui faire face que dans les romans. Nous y trouvons « cette multiplicité de vies dont nous avons besoin. Nous nous identifions avec un héros dans sa mort, et cependant nous lui survivons, tout prêts à mourir aussi inoffensivement, avec un autre héros ». Remontant jusqu'à « l'homme primitif » dont notre inconscient est l'héritier direct, Freud dégage trois aspects, l'impossibilité de nous représenter notre propre mort, le souhait de mort à l'égard de l'étranger et de l'ennemi, l'ambivalence à l'égard de la personne aimée, dont il arrive qu'on souhaite la disparition. Cet « homme primitif » aurait, face au cadavre de la personne aimée, connu l'existence de l'âme et la persistance d'une vie après la mort apparente. Plus tard, les religions ont proclamé l'existence qui suit la mort plus précieuse et plus complète que la vie. Nous ferions mieux, conclut Freud, d'assigner à la mort «dans la réalité et dans nos idées, la place qui lui convient». Ainsi seulement nous rendrons-nous la vie supportable, ce qui est «le premier devoir du vivant».

Ce que déclare *Éphémère destinée*, c'est qu'après le deuil, ou la guerre, revient la libido, c'est-à-dire l'amour, comme Swann séduit par la jeune Mme de Cambremer ou le Narrateur par Albertine après la mort de sa grand-mère. C'est que «la haute estime dans laquelle nous tenons les biens culturels s'avère n'avoir pas trop souffert de l'expérience que nous avons faite de leur fragilité».

CHAPITRE XVIII

Psychanalyse et lecture du roman

Associations

L'association d'idées est, avec le récit de rêves, un des deux grands ressorts de l'analyse freudienne. Proust procède par associations, et pas seulement lorsqu'il crée des images. Ainsi, dans *Le Temps retrouvé*, figurent-elles sous le nom de liens : « La sensation commune avait cherché à recréer autour d'elle le lien ancien, cependant que le lien actuel qui en tenait la place s'opposait de toute la résistance de sa masse à cette immigration dans un hôtel de Paris d'une plage normande ou d'un talus d'une voie de chemin de fer. » La bonne association, celle de la mémoire involontaire, s'oppose au refoulement et en triomphe.

Le patient s'engage à dire au psychanalyste tout ce qui lui vient à l'esprit (On songe à la phrase de Tchekhov : « Si je pensais tout ce qui me passe par la tête… ») avec une honnêteté absolue. Proust, ou son Narrateur, s'est-il engagé à nous dire tout ce qui lui venait à l'esprit, comme dans *Jean Santeuil* : « Ce livre n'a pas été fait, il a été récolté » ? Nous a-t-il jamais caché quelque chose qu'il ait pensé ? Doit-on le remercier au contraire de nous avoir livré tout son univers mental, les replis les plus cachés de son cerveau ?

Nous a-t-il jamais caché quelque chose qu'il ait vécu ? Certainement nous n'avons pas tout le détail de ses sorties, de ses amours, des activités dictées par sa névrose et ses perversions. Mais, de manière symbolique, il nous a tout confié dans son roman, même son attirance et sa répulsion pour les rats : « On peut avoir peur d'un rat et pas d'un lion. » Il évoque ces cauchemars « où nos parents qui sont morts viennent de subir un grave accident qui n'exclut pas une guérison prochaine. En attendant nous les tenons dans une petite cage à rats, où ils sont plus petits que des souris blanches et couverts de gros boutons rouges, plantés chacun d'une plume, nous tiennent des discours cicéroniens ». Dans l'une des *Cinq Psychanalyses*, « L'Homme aux rats » évoque une obsession, un supplice subi par son père dans lequel les rats jouent un rôle essentiel. Le tissu d'associations avec le sadisme, l'amour-haine à l'égard du père, l'argent, le caractère anal appartiennent à ce patient ; on ne peut les appliquer littéralement, aveuglément à Proust, ni au Narrateur. Tout au plus peut-on dire que derrière cette porte entrouverte, ce « véritable étalon monétaire en rats », il y a quelques-uns des fantasmes proustiens.

On en retrouve d'autres chez Freud lui-même :

l'impossibilité d'aller à Rome, le malaise à Athènes, la peur du train par exemple renvoient au Narrateur tombant malade à l'idée de se rendre à Florence ou en proie aux plus grandes souffrances à l'arrivée au Grand Hôtel de Balbec. «Une stupide peur d'un petit enfant, dira-t-on! mais la névrose ne dit rien de stupide, pas plus que le rêve. Nous dénigrons volontiers les choses que nous ne comprenons pas» (à propos du petit Hans et de la phobie des chevaux).

Proust est à la fois celui qui parle, comme le patient, et celui qui analyse, qui interprète tout (sauf ses propres rêves), comme le psychanalyste. Et encore celui qui nous fait penser et parler à la place du Narrateur, dont nous épousons, faisons nôtre le monologue. Cette démarche est progressive comme dans l'analyse : le romancier, ne serait-ce que pour ménager le suspense, ne peut tout dévoiler d'un coup (à supposer qu'il connaisse tout de ses personnages et de leurs aventures dès le début. Il est possible qu'il invente, ou découvre, à mesure qu'il avance). Et le transfert, pour le lecteur, se fait sur la personne de l'auteur. Qui nous renvoie ensuite à nous-même, dans le contre-transfert.

Interprétation de l'analyste et du romancier

Dans les deux pratiques, il s'agit de «rendre conscient l'inconscient». Une différence entre l'interprétation du psychanalyste et celle du romancier est que le romancier n'interprète pas le personnage pour le bénéfice du personnage, mais pour un tiers, qui est le lecteur. L'homme moderne, note Freud, fait face à la mort grâce à des structures imaginaires ; c'est pourquoi il aime la mort dans les romans. Il s'identifie au héros tout en lui survivant : « Dans le domaine de la fiction nous trouvons cette pluralité de vies dont nous avons besoin. » Le lecteur peut alors s'interpréter lui-même, à condition de s'identifier au personnage ou de le reconnaître parmi ses proches, la grand-mère du Narrateur devenant pour un instant la mère du lecteur, ou Gilberte son premier amour.

Mme Verdurin ou Mme de Guermantes aurait été bien surprise de l'interprétation que Proust donne de leurs discours, de ce qu'ils disent vraiment : la comtesse de Chevigné, quand elle s'est reconnue dans la duchesse de Guermantes, s'est immédiatement brouillée avec Proust. Au cours du récit, le romancier n'abandonne ses personnages que lorsqu'il les a complètement analysés (en revanche il ne croit pas devoir leur assurer la destinée complète du roman classique, jusqu'au mariage ou à la mort) : pour lui aussi, la fin du roman est la fin de l'analyse. Cela prend du temps, et Proust aurait désapprouvé les romanciers à l'interprétation rapide, comme Balzac parfois, qui nous disent tout du caractère du personnage ; à peine est-il entré qu'ils traduisent la signification du moindre geste. Le patient tisse un récit, l'analyste

Psychanalyse et lecture du roman

aussi, pas le même. Le romancier également, entre le récit autobiographique et la version du roman. Ce lent et patient récit s'oppose aux fulgurances du souvenir involontaire : mémoire proustienne ou fantasmes, rêves, obsessions du névrosé, évocation des traumatismes, à ce qui remonte brutalement, brusquement au cours d'une analyse. Mais, alors que le roman du courant de conscience tisse des bribes de conscience, chez Joyce ou Virginia Woolf, le roman proustien assemble avec un art d'ébéniste les apports de l'inconscient, ou de musicien.

De même que le psychanalyste ne doit pas dire au patient au début de la cure ce qu'il croit être ses secrets, de même le romancier ne dit pas révéler au début de son roman l'essence ou le fond du caractère du personnage. Pensons à l'art avec lequel est dévoilée progressivement la vraie nature de Charlus, en commençant par de légers symptômes (couleur des chaussettes, yeux exorbités d'un inconnu dans l'allée du parc de M. Swann à Combray, en passant par la remise d'un livre à Balbec au Narrateur et à la scène d'hystérie faite au jeune homme alors qu'on entend de la musique dans la pièce voisine). Freud souligne l'importance d'étudier des détails en apparence insignifiants, dans sa conférence sur les actes manqués. Ce sont ces détails qui font aussi le tissu du roman. Ensuite vient l'interprétation. L'analyste doit rester froid, « impénétrable et, à la manière d'un miroir, ne faire que refléter ce qu'on lui montre», écrit Freud. De même le romancier interprète ses personnages avec une froideur impitoyable, même à l'égard de Swann, même à l'égard de la grand-mère mourante. La différence est que le malade préexiste et n'est pas inventé. Même si le romancier a des modèles, il imagine ses personnages.

Un des commentateurs les plus respectueux de Freud a objecté qu'on ne peut analyser des «êtres de papier, comme Hamlet, au même titre que des humains», que Hamlet n'a pas d'existence en dehors du drame qui porte son nom et qu'il ne faut pas confondre les catégories de l'imaginaire avec celles de la réalité. C'est pourtant ce que fait Freud en commentant *Gradiva*. Il avait lui-même conscience d'interpréter «un rêve qui n'avait jamais été rêvé».

Proust comme Freud partent de la psychologie de leur temps, dont ils s'écartent. On a assez de psychologie et de psychologues, dit l'objecteur de *La Question de l'analyse profane*. Freud répond, en dressant un état des lieux, que la science de la vie psychique ne pouvait plus se développer. Elle embrassait, outre une physiologie de la sensation, une «liste de divisions et de définitions de ce qui se passe dans notre âme (...) bien commun de tous les lettrés. (...) Chaque écrivain ou biographe s'arrange une psychologie à lui, nous propose des hypothèses à lui sur les rapports et le but des actes psychiques, hypothèses séduisantes mais douteuses». Tout cela n'est pas scientifique. La psychologie s'est fermé l'accès au domaine du ça parce qu'elle s'est tenue à l'hypothèse selon laquelle tous les actes psychologiques sont conscients, que la conscience est le signe distinctif du psychisme. Elle ne s'intéresse pas «aux stades préparatoires de la pensée» qui expliqueraient nos idées subites. «En vous se passent des actes d'ordre psychique, souvent fort compliqués, desquels votre conscience ne perçoit rien, desquels vous ne savez rien.»

De même Proust révolutionne la psychologie romanesque en s'intéressant à tout ce qui est oublié, inconscient, involontaire, ambivalent, réprouvé, interdit. Il a, dès l'origine, le sentiment qu'il écrit pour dire ce que l'on doit taire. Lorsqu'il présente son manuscrit, il prévient avec insistance de son caractère immoral.

Secret

Ce qui donne à la présentation et à l'analyse psychologiques leur tension, leur suspense, c'est qu'elles mènent au secret. «Celui qui a des yeux pour voir et des oreilles pour entendre constate que les mortels ne peuvent cacher aucun secret. Celui dont les lèvres se taisent bavarde avec le bout des doigts; il se trahit par tous les pores.» On peut appliquer ces mots des *Cinq Psychanalyses* à l'analyse psychologique que mène Proust de ses personnages. Le secret est au cœur de la vie et de la pensée de Freud comme de celles de Proust. Les deux hommes étendent leur curiosité aux arts, à la politique, à la guerre, à tous les aspects de la vie quotidienne, cherchent à tout connaître et parlent en définitive de tout. Il n'est pas un aspect de notre vie sur lequel nous ne puissions, encore aujourd'hui et demain, les interroger. D'où l'affirmation de Proust, selon laquelle ce secret que nos yeux n'arrivent pas à percer, c'est le «dernier mot de l'art du peintre».

«Chacun sait recéler en lui-même des choses qu'il ne communiquerait aux autres que très à contre-cœur, davantage, dont la communication lui semble impossible. (…) Il est d'autres choses que l'on ne voudrait pas s'avouer à *soi-même*, que l'on se dissimule volontiers, auxquelles on coupe court et que l'on chasse si elles surgissent pourtant dans la pensée.» Une pensée peut être gardée secrète par rapport à son propre moi. Il y a une antithèse entre son moi et une vie psychique plus large. «Chaque nerveux a un secret», fait dire Freud à un interlocuteur imaginaire. En l'engageant à l'avouer, on retrouve le principe de la confession catholique. Mais le malade doit «dire plus qu'il ne sait», ce qui fait la différence avec la confession. Le romancier aussi fait dire à son personnage plus qu'il ne sait, et depuis Mme de La Fayette. Dans *Le Temps retrouvé*, Proust affirme révéler ainsi «un univers de plus». Pour l'enfant, le secret ultime, c'est la différence entre les sexes et les mystères de la conception et de la naissance. C'est aussi ce secret que Freud recherche dans ce qu'il appelle ses romans, ou demi-romans, biographiques, consacrés à Vinci, Moïse, Wilson.

« Le domaine de la biographie doit également devenir nôtre », écrit Freud à Jung en octobre 1909. Or c'est comme Proust d'un « souvenir d'enfance » qu'il part, à propos de Léonard. Le vautour qu'il allait revoir au Louvre dans la *Sainte Anne* n'existe plus ? Il n'en est que plus romanesque et rivalise avec les créations fantastiques d'Hoffmann ; il pourrait se trouver dans *L'Homme au sable*.

Art

« Dans l'art seulement, lit-on dans *Totem et tabou*, il arrive qu'un homme tourmenté par des désirs obtienne comme une satisfaction ; et grâce à l'illusion artistique, ce jeu produit les mêmes effets affectifs que s'il s'agissait de quelque chose de réel. » Freud comme Proust avaient la passion de l'art comme de la littérature. L'un pensait avoir trouvé la plus belle statue du monde, le *Moïse* de Michel-Ange, l'autre le plus beau tableau du monde, la *Vue de Delft* de Vermeer. Sur le premier Freud s'explique d'abord dans un article puis dans tout un livre. Sur le second, Proust ne s'explique pas, mais rend le tableau chargé d'une beauté fatale, qui tue Bergotte. Et pourquoi le « petit pan de mur jaune » ? Il renferme à la fois le secret de l'artiste et celui de l'enfant, le pan de mur éclairé de Combray, immortel.

Sigmund Freud présenté par lui-même montre comment on peut étudier la production littéraire et artistique : « Le royaume de l'imagination est une "réserve" organisée lors du passage douloureusement ressenti du principe de plaisir au principe de réalité, afin de permettre un substitut à la satisfaction instinctive à laquelle il fallait renoncer dans la vie réelle. L'artiste, comme le névropathe, s'était retiré loin de la réalité insatisfaisante, dans ce monde imaginaire, mais à l'inverse du névropathe il s'entendait à trouver le chemin du retour et à reprendre pied dans la réalité. » Les œuvres, satisfactions des désirs inconscients comme les rêves, sont, à l'inverse des rêves, capables de satisfaire chez les autres les mêmes inconscientes aspirations du désir.

Le poète puise dans son désir, son enfance, son inconscient. L'enfant qui joue se comporte comme un poète, « il arrange les choses de son monde suivant un ordre nouveau, à sa convenance ». L'opposé du jeu n'est pas le sérieux, mais la réalité, c'est un « correctif de la réalité non satisfaisante » selon des désirs ambitieux ou érotiques, écrit Freud. Le poète exprime par là les rêves de ses contemporains moins éloquents. En ranimant un lointain souvenir, il transforme son désir en littérature. Il séduit le public par une « prime de plaisir », un plaisir préliminaire promet même un plaisir plus grand. « La jouissance propre de l'œuvre littéraire est issue du relâchement des tensions siégeant dans notre âme. »

L'homme qui écrit ces lignes a toujours été passionné par la lecture : « Je lis beaucoup, écrit-il en 1883, et gaspille beaucoup d'heures, par exemple, j'ai entre les mains un exemplaire de *Don Quichotte* illustré par Gustave Doré et passe avec lui plus de moments qu'avec l'anatomie. » Chez lui, littérature et psychanalyse puisent aux mêmes sources et s'enrichissent l'une par l'autre. Marthe Robert affirme même que les plus belles pages de Freud sont celles qu'il a écrites sur Vinci, Goethe, Shakespeare, Michel-Ange. Il compose ces pages en poursuivant sa propre analyse, comme Proust de *Sésame et les Lys* à *Contre Sainte-Beuve*. « Il ne parle que de ce qu'il a retenu lui-même intensément au cours de ses lectures et avec quoi il s'est identifié assez étroitement pour avoir quelque droit à en faire l'analyse. » Freud rédigeant un cas souffre de son caractère non littéraire (à propos de « L'Homme aux rats ») : « Quel gâchis que nos reproductions, comme nous mettons lamentablement en pièces ces grandes œuvres de la nature psychique ! »

Il pose ainsi l'importante question des rapports entre la littérature et les sciences humaines. On a soutenu encore récemment que les découvertes de

Freud étaient périmées, mais qu'il survivait comme grand écrivain. Le philosophe, le penseur, le savant sont d'abord tenus par la rigueur du discours, la précision d'un vocabulaire souvent technique, l'enchaînement des raisons. Tout cela passe avant la musique du style et la beauté des métaphores. Nous pensons que le caractère littéraire d'une philosophie la rend suspecte après l'avoir exposée à toutes les tentations. La magie des formules cache parfois une faille du raisonnement, dispense de la preuve ou de la définition. Depuis Bergson en France, depuis Nietzsche en Allemagne, les éclairs ont souvent remplacé l'humble démarche du raisonnement. Ce qui frappe au contraire chez Kant ou Freud, c'est la précision des définitions, des enchaînements, au prix d'une rhétorique non littéraire. Il peut, bien sûr, échapper à Freud des phrases superbement poétiques : elles sont en général contenues comme des soupirs.

Pour Freud, la littérature a souvent précédé la science et la psychanalyse dans la connaissance des êtres et du monde. Mais cette exploration, qu'ont pratiquée quelques grands artistes de «cette grande nuit impénétrée et décourageante de notre âme que nous prenons pour du vide et pour du néant» est «conservée de plain-pied avec les idées de l'intelligence», elle n'est pas constituée par ces idées. Il est réservé au philosophe, au psychanalyste, au critique littéraire, de rationaliser l'expérience sensible de l'artiste. Il reste que celui-ci doit avoir conscience de sa tâche, qui est d'explorer d'épaisses ténèbres, comme dit encore Proust; son clavier doit découvrir «des millions de touches de tendresse, de passion, de courage, de sérénité» qui composent un univers différent de tous les autres. Freud a dépassé, en créant la psychanalyse, les pièges et les complaisances de la quête de soi, comme Proust les délices momentanées de l'autobiographie ou ce qu'on appelle pour un temps l'autofiction. Le grand artiste, bien loin de se complaire à des jeux formels ou dans des sujets dérisoires, a en lui une ambition fondamentale qui se change en optimisme ou en espérance et qu'il partage avec le savant : dans le cerveau humain, dans l'âme humaine, tout reste à découvrir.

BIBLIOGRAPHIE

Il y a plus de quarante ans que j'ai préfacé la traduction française, par Marie Tadié, de la Psychanalyse de Proust, *par Milton Miller, qui aurait dû rester un ouvrage de référence, mais que ses successeurs citent rarement. C'est ainsi que j'ai pris date. Parmi les livres que j'ai aimés ensuite, il y a la biographie de Marthe Robert et celle de Peter Gay, l'article de J. Bellemin-Noël, « Psychanalyser le rêve de Swann », l'essai de Malcolm Bowie,* Proust, Freud et Lacan, *celui de Dominique Fernandez,* L'Arbre jusqu'aux racines *ou encore* Maman, *de Michel Schneider,* Frère du précédent, *de J.-B. Pontalis (ainsi que ses préfaces aux nouvelles traductions de Freud), certains articles recueillis dans* Marcel Proust visiteur des psychanalystes. *Les bibliographies sont des listes de remords ou de reproches, parfois de remerciements. J'ai d'abord voulu écouter le système d'échos, comme dans la grotte de* The Fairy Queen *de Purcell, que les deux lectures entrelacées de Freud et Proust m'avaient permis de percevoir.*

Avant-propos 11

I.	Entrée de nuit	15
II.	Des rêves	21
III.	Rêve de Swann	32
IV.	Rêve de la grand-mère	43
V.	Œdipe	49
VI.	Premiers aperçus de l'inconscient proustien	57
VII.	Archéologie	64
VIII.	Mémoire	72
IX.	Enfance	86
X.	Femmes	97
XI.	Homosexualité	109
XII.	Amour	119
XIII.	Jalousie	127
XIV.	Frère	136
XV.	Actes manqués	142

XVI. Esprit, humour   153
  XVII. Deuil   162
 XVIII. Psychanalyse et lecture du roman   171

Bibliographie   185

DU MÊME AUTEUR

LECTURES DE PROUST, A. Colin, 1971.

PROUST ET LE ROMAN, Gallimard, 1971 ; repris dans « Tel ».

LE RÉCIT POÉTIQUE, P.U.F., 1978 ; repris dans « Tel », Gallimard.

LE ROMAN D'AVENTURES, P.U.F., 1982 ; repris dans « Quadrige ».

PROUST, Belfond, 1983 ; repris dans « Agora ».

LA CRITIQUE LITTÉRAIRE AU XXe SIÈCLE, Belfond, 1987 ; repris dans « Agora ».

LE ROMAN AU XXe SIÈCLE, Belfond, 1990 ; repris dans « Agora ».

PORTRAIT DE L'ARTISTE, Oxford University Press, 1991.

MARCEL PROUST, biographie, Gallimard, 1996 ; repris dans « Folio », 2 vol.

LE SENS DE LA MÉMOIRE (AVEC MARC TADIÉ), Gallimard, 1999 ; repris dans « Folio essais ».

PROUST, *La Cathédrale du temps*, Gallimard, « Découvertes », 1999.

REGARDE DE TOUS TES YEUX, REGARDE !. Jules Verne, Gallimard, « L'un et l'autre », 2005.

DE PROUST À DUMAS, Gallimard, 2006.

LE SONGE MUSICAL, *Debussy*, Gallimard, « L'un et l'autre », 2008.

LA CRÉATION LITTÉRAIRE AU XIXe SIÈCLE, A. Colin, 2011.

TRACÉS

Déjà parus

Michel GRIBINSKI : *Le trouble de la réalité.*
François GANTHERET : *Moi, Monde, Mots.*
Jean-Claude LAVIE : *L'amour est un crime parfait.*
J.-B. PONTALIS : *Ce temps qui ne passe pas.*
Jean IMBEAULT : *Mouvements.*
Jean-Claude ROLLAND : *Guérir du mal d'aimer* (prix AUTRES 1998 du meilleur essai).
Corinne ENAUDEAU : *Là-bas comme ici.*
Edmundo GÓMEZ MANGO : *La Place des Mères.*
Wladimir GRANOFF : *Lacan, Ferenczi et Freud.*
Max DORRA : *Heidegger, Primo Levi et le séquoia* (prix Psyché 2002).
Michel GRIBINSKI : *Les séparations imparfaites.*
Max DORRA : *La syncope de Champollion.*
Edmundo GÓMEZ MANGO : *La mort enfant.*
Catherine CHABERT, Max DORRA, François GANTHERET, Bruno GELAS, Edmundo GÓMEZ MANGO, Michel DE M'UZAN, J.-B. PONTALIS, Jean-Claude ROLLAND : *Parler avec l'étranger.*
Jacques ANDRÉ : *L'imprévu en séance.*
Laurence KAHN : *Cures d'enfance.*
Max DORRA : *Quelle petite phrase bouleversante au cœur d'un être ?*
Martine BACHERICH : *Qu'est-ce qui vous amène ?*
Jean-Claude ROLLAND : *Avant d'être celui qui parle.*
Jacques ANDRÉ : *Folies minuscules,* suivi de *Folies meurtrières.*
Edmundo GÓMEZ MANGO : *Un muet dans la langue.*
Miguel de AZAMBUJA : *Et puis, un jour, nous perdons pied.*
Jean-Claude ROLLAND : *Les yeux de l'âme.*
Scarlett et Philippe RELIQUET : *Écouter Haendel.*
Jacques ANDRÉ : *Paroles d'hommes.*
D. W. WINNICOTT : *Lectures et portraits.*

Composition Dominique Guillaumin, Paris.
Achevé d'imprimer
sur Roto-Page
par l'Imprimerie Floch
à Mayenne, le 18 juin 2012.
Dépôt légal : juin 2012.
1er dépôt légal : mai 2012.
Numéro d'imprimeur : 82686.

ISBN 978-2-07-013609-4 / Imprimé en France.

246969